RAFAEL PARDO

NUEVO BRUTALISMO

NEW BRUTALISM

Primera edición, 2020
First edition, 2020

ISBN 978-607-9489-61-8
Arquine, S.A. de C.V.
Ámsterdam 163-A
Colonia Hipódromo, 06100
Ciudad de México

Textos *Texts*
© Rafael Pardo
© Graciela Kartofel
© Xavier Martí Galí

Fotografías *Photography*
© Rafael Pardo Arquitectos: pp. 28-33, 42-45, 63-67, 74, 75, 79, 88-93, 101, 106
© Andrea Griborio: p. 119
© Graciela Kartofel: p.114
© Onnis Luque: pp. 34, 35, 76-78, 80, 81, 102, 103-105, 107-109
© Naser Nader Ibrahim: pp. 52-55, 100

Edición *Edition*
Graciela Kartofel

Rafael Pardo Arquitectos
Arq. Gerardo Perdomo Martínez
Arq. Ricardo Jiménez Ortíz

Arquine

Director *Director*
Miquel Adrià

Dirección editorial *Editorial director*
Brenda Soto

Coordinación editorial
Editorial coordinator
Miguel Caballero

Diseño *Design*
Ápice | Diego Beauroyre,
Maira Fragoso y Rebeca Mora

Corrección de estilo *Copy editing*
Christian Mendoza

Traducción *Translation*
Fionn Petch
Quentin Pope

Preprensa *Prepress*
Emilio Breton

arquine.com

Con agradecimient
a **Tomás Castillo Moctezuma**

RAFAEL PARDO

NUEVO BRUTALISMO

NEW BRUTALISM

A Lorena

PROLOGUE

Xavier Martí Galí

I first discovered the work of Rafael Pardo Ramos in Mexico, thanks to the Cemex Building Awards 2012, where I was a member of the jury. and his "Briones House" was the winning design in the Mexico category. His projects could be said to have an affinity with the Brutalist movement, but his work is much more profound than any such neo-modern stereotype. His bold forms, which are beautiful in their own right, establish a relationship with the landscape.

He creates limpid, nuanced buildings, carefully using a small palette of materials: concrete, timber and glass.

The most significant aspect of this architecture lies in the intensity, ambition and energy found behind the apparently simple forms, carefully executed on the basis of a clear discipline.

This discipline is expressed in different ways. Firstly, we can point to the sobriety of his work; he only uses what is strictly necessary. A second aspect of this rigor is the efficiency and sensibility shown in understanding the site in relation to the building's placement. The third is how the architect's precise gaze stands out in the geometry as a single language. And finally, there is the meticulous precision of the construction process.

Pardo's houses display a very clear relationship between the intermediate spaces, using the contrast between light and shade to connect the spaces. As a result, we often note that the real material aspect of his architecture is space, light and the relationship between the landscape and the geometry expressed in the refined proportions of the volumes.

For the Flavia building, the functional and spatial clarity is augmented by a rigorous treatment of the structural walls that form the interior space. Once again, the spatial fluidity and the light penetrating the skylights, courtyards and façades becomes the project's central feature.

The intermediate spaces with interstitial illumination generate intimate atmospheres that evoke elements of traditional and vernacular architecture.

The Paseo de la Reina project engages in a complex landscape action that establishes a serene balance between the small suspended pavilion and the entrance road that passes beneath it, generating a *percorso* that connects the two. The shape is neither a starting point nor an endpoint, but rather emerges from the purpose of the built volume.

His rationalist programs and formal structures, precise and elegant details, sensibility in siting, and acknowledgement of pre-existing elements, are not part of a premeditated creative moment. Instead, they are the consequence of his projects' intrinsic coherence and rigor.

PRÓLOGO

Xavier Martí Galí

Conocí por primera vez la obra de Rafael Pardo Ramos en México, en el marco del Premio Obras Cemex 2012 en el que yo participaba como jurado y donde su obra "Casa Briones" fue el proyecto ganador.

Podría afirmarse que sus proyectos sugieren cierta adhesión al movimiento denominado "brutalismo", pero su trabajo es mucho más profundo que cualquier estereotipo neomoderno. Sus formas audaces, bellas en sí mismas, entroncan con el paisaje.

Son edificios nítidos, ricos en matices, con una buena utilización de pocos materiales: concreto, madera y vidrio.

Lo más relevante de la obra de este arquitecto reside en la intensidad, ambición y energía que hay detrás de las formas aparentemente sencillas, cuidadosamente ejecutadas a partir de una manifiesta disciplina.

Una disciplina que se muestra en diferentes maneras. La primera de ellas es la sobriedad o el uso en su arquitectura de lo estrictamente necesario. Una segunda vertiente de esta rigurosidad es la eficacia y la sensibilidad con la que se entiende el lugar en relación con la implantación de la obra. La tercera, la mirada precisa del arquitecto, se pone de relieve en la geometría como un único lenguaje. Y la última sería la precisión y el meticuloso trabajo en el proceso constructivo.

En sus casas existe una muy buena relación entre los espacios intermedios, utilizando el claro-oscuro y el contraste entre la luz y la sombra como forma de articular el juego espacial. Así, a menudo vemos que la materialidad en su arquitectura es el espacio, la luz y la relación del paisaje con la geometría que se expresa en los volúmenes refinados en sus proporciones.

En el proyecto para el edificio Flavia, a la claridad funcional y espacial se le une un tratamiento riguroso de los paramentos estructurales que construyen el espacio interior y una vez más la fluidez espacial; la luz que penetra por lucernarios, patios y fachadas, se convierte en el elemento esencial del proyecto.

Los espacios intermedios, con luces intersticiales, generan atmósferas íntimas que recuerdan elementos de la tradición, de lo vernáculo.

En el proyecto del Paseo de la Reina se efectúa una compleja actuación de paisaje que encuentra un sosegado equilibrio entre el pequeño pabellón suspendido y el camino que lo cruza, generando un "percorso" de acceso que los relaciona a ambos. La forma no es un punto de partida o una meta sino que surge de la función del elemento construido.

El racionalismo en el programa y su estructura formal, precisión y elegancia en los detalles, sensibilidad para la implantación y reconocimiento de las preexistencias no forman parte de un momento creativo premeditado,

The publication of this monograph is an opportunity to get to know the work of this young architect who is seeking his own language while remaining committed to the foundations of the modern movement, and reinterpreting a tradition expressed in sobriety, efficiency, sensibility and constructive rigor.

Barcelona, October 2, 2019

sino que son la consecuencia de la coherencia y la rigurosidad que hace que el proyecto se manifieste tal como debe ser.

La publicación de esta monografía nos permite conocer la obra de este joven arquitecto que trabaja en la búsqueda de un lenguaje personal, comprometido con los presupuestos del movimiento moderno y reinterpretando la tradición que se manifiesta en la sobriedad, eficacia, sensibilidad y rigor constructivo.

Barcelona, 2 de octubre de 2019

TRANS-BRUTALISM

Graciela Kartofel

Architects are no longer expected to assert their knowledge of a given style; rather, they need to show an awareness of new methods, materials and work ethics for them to contribute to society, whether locally or internationally. There is a constant demand to challenge the status quo. Adaptability, technological and cultural changes no longer bow to a particular style with a will to endure, but instead favor the fleeting, including the new and speed.

Formal definitions of architecture are surpassed by conceptual characterizations that refuse to settle for the conventional, while the functional holds its own and expands. Everywhere, minimalist constructions stand alongside palatial ones, and there are as many repetitions as there are countless personalized solutions. A spirit of conformism will surely never inspire original ideas. To the contrary, an approach based on research and exploration will benefit the profession, the client, the environment and the myth.

Trans-modernity represents a break from Modernity and Postmodernity, while contributing new ways of conceiving our digital present. New and ephemeral paradigms enable us to confirm subsistence. In this way, Trans-modernity encompasses destruction and deconstructive, new and accelerated inclusion.

The irrefutable Mexican Baroque rears its head in deconstruction, with its everlasting traces. Not in the traditional way, but with the characters of the present. These characters identify themselves as the tension of masses, diagonals and orthogonals, built sections in suspension contrasted with others in repose, large blocks set against cleared areas, external corners set against circular forms, and opacity against light. These three paragraphs outline the work of Rafael Pardo.

Starting this essay with building descriptions would be dull for the reader. Instead, we began with reflections and perceptions to introduce the theoretical densities appropriate to the subject. Structure and sensuality combine to be the remarkable aspects of this young architect from Veracruz, who graduated from the state university, the Universidad Veracruzana (UV), unlike most professionals in the field who have graduated from the UNAM.

Both schools are well known for training outstanding professionals. One question here is the local focus of Rafael Pardo, who not only decided to study in his home city but also to contribute to it with his professional knowledge. This is far from being a token gesture of patriotism, since his interest in working with exposed concrete already emerged during his studies, the result of his library research and admiration for works he had the chance to view in person. From time to time the name Louis Kahn comes up in con-

TRANS-BRUTALISMO

Graciela Kartofel

En la actualidad, un arquitecto no necesita reivindicar su conocimiento de un determinado estilo, aunque sí aportar nuevos modos, materiales y éticas de trabajo que lo lleve a contribuir a la sociedad local e internacional. La superación de los paradigmas se verifica constantemente. Adaptabilidad y cambios tecnológicos y culturales que ya no reverencian un estilo y a éste en pos de la permanencia, sino que se ubican en lo transitorio, incluyendo novedad y aceleración.

Las definiciones formales de arquitectura son superadas por caracterizaciones conceptuales que no se conforman con lo convencional, si bien lo funcional se mantiene y se expande. Por doquier construcciones minimalistas coexisten con otras palaciegas y se dan tantas repeticiones como infinitas soluciones personales. Es indiscutible que el espíritu conformista nunca resolverá propuestas originales. En cambio, aquel que se inquieta por la investigación y la superación aportará a la profesión, al cliente, al entorno y al mito.

La Transmodernidad acontece como ruptura con la Modernidad y la Posmodernidad, a la par que nos aporta conceptualizaciones para la coetaneidad digital que cabalgamos. Es a través de los nuevos y efímeros paradigmas que se crean como confirmamos la subsistencia. Así, la Transmodernidad abarca la destrucción y la inclusión deconstructiva, novedosa y acelerada.

En la deconstrucción asoma el innegable Barroco Mexicano cuyas huellas perduran por siempre jamás, no a la manera tradicional sino en caracteres del presente, algunos de los cuales se identifican como tensión de masas, diagonales y ortogonalidad; secciones constructivas en suspensión frente a otras en reposo; grandes macizos versus despojamientos; aristas externas versus parquizaciones de formas circulares y opacidad versus luz. En estos tres párrafos se perfila el trabajo de Rafael Pardo.

Comenzar este ensayo con descripciones de obra sería monótono para el lector. Por ende iniciamos enunciando reflexiones y percepciones, lo que aporta las densidades teóricas adecuadas a esta trama. Se enfrentan estructura y sensualidad como productos premiados de un joven arquitecto veracruzano egresado de la Universidad Veracruzana (UV), a diferencia de la mayoría de los profesionales en esa rama que se graduaron en la UNAM.

Ambas casas de estudios son conocidas por la formación de eximios profesionales. Tal vez lo que nos ocupa es la concentración local de Rafael Pardo, al decidir estudiar en su ciudad y aportar a ella desde su inquietud profesional. No hablaremos de un falso gesto patriota porque el interés por trabajar cemento a la vista surgió desde sus estudios, desde sus consultas bibliográficas y como resultado de la admiración de obras que tuvo la oportunidad de ver en persona. En ocasiones el nombre de Louis Kahn es tema

versation, though he is far from the sole source of inspiration. It bears noting that he did not follow Kahn closely, but he does consider him a figure who expanded his gaze and his range of concerns.

The large architecture studios employ
many specialists. In my case,
I have to work on all the different aspects alone.

Rafael Pardo Ramos has taken this direction since he graduated. His first refurbishment and extension projects appeared in Puebla and his native Xalapa in 2004. He did work experience in the studios of architects Bernal Lascuráin and Enrique Murillo in Xalapa before establishing his own studio. In 2010 he built Briones House, and this was followed by private residences, multi-use and mixed-use buildings, shopping centers, office buildings and infrastructure projects. All are privately-financed projects and come to a total of 28 completed and occupied, with a further five under construction.

However much we would like to observe each building in isolation, it is the landscapes in which Pardo constructs them, the manner in which they are placed and how he allows them to express themselves, that tell us most about this creator of brutalist yet serene architecture. These contrasting qualities can be seen in his works' bold use of volumes, together with their characteristic attention to detail in the private and leisure areas. Revealing the construction process while rejecting interferences establishes a dialogue on his façades, while the lateral and rear zones are open to the landscape.

Continuing with the spatial analysis we find that on each site Rafael Pardo visualizes the landscape as if it were an original kind of kaleidoscope designed for space rather than color. A kaleidoscope, not because he thinks in terms of color, but rather of volume, space, form. Pardo has an interest in experimentation but does not take risks with the security of the building, only in the composition and the form.

The exterior presents rounded, forceful volumes, where nothing tries to hide. The interior housing units flow, share and interweave solid and blind surfaces that contrast with large windows that bring in the natural energy of daylight, sun and vegetation. Another signature of this architect's work are the small windows inserted at high points in the walls, often with parallelepiped forms.

The texture of exposed concrete, uncertain in many landscapes, creates an clear dialogue of structure and sensuality. The raw concrete provides the volume's texture and aesthetics, in combination with the metal, also raw and naked for the most part. Each of Pardo's completed projects is based on respect for the site, where greenery dominates and defines the architecture. We cannot compete with the perfection and the beauty of nature; we can only frame it in order to contemplate it.

From the outset of his professional career Rafael Pardo has taken risks in his chosen path: working with exposed concrete in Xalapa when many experienced colleagues advised against it, citing the lack of suitably quali-

de conversación, aunque no es el único que lo motivó. Y cabe señalar que no siguió al arquitecto Kahn en detalle, pero sí lo considera alguien que expandió su mirada y sus inquietudes.

Los grandes estudios de arquitectura tienen
muchos especialistas. En mi caso,
tengo que trabajar solo en todos los aspectos.

En esta dirección ha venido trabajando Rafael Pardo Ramos, egresado de la Facultad de Arquitectura por la Universidad Veracruzana. En 2004, en Puebla y en su Xalapa natal se registran sus primeros trabajos de remodelaciones y ampliaciones. Su experiencia laboral en los despachos de los arquitectos Bernal Lascuráin y Enrique Murillo en Xalapa anteceden a establecer su propio despacho, a partir del cual, en 2010, construye Casa Briones, y de ahí en más se suceden casas habitación, edificios de usos múltiples y de usos mixtos, plazas comerciales, torres de oficinas e infraestructuras. Todo esto en obra privada, con un total de veintiocho terminadas y en uso, además de cinco en construcción.

Por más que se quiera ver solo cada edificio, los paisajes en los que el arquitecto Rafael Pardo construye sus obras, la manera en las que las emplaza y las hace gesticular, dicen quién es autor de una arquitectura brutalista a la par que pacífica. Este par contrastante se entiende a través de los vigorosos volúmenes sin olvidar el celoso cuidado de la privacidad y de las áreas de esparcimiento que definen su hacer. Manifestar la construcción a la par que negar la intromisión asientan un diálogo en los frentes de sus construcciones, mientras que las zonas laterales y las posteriores se abren a los paisajes.

Continuando el análisis espacial, encontramos que en cada terreno Rafael Pardo visualiza el paisaje como si fuera un original caleidoscopio dedicado al espacio, no al color. Mencionar el caleidoscopio, insisto, no es porque piense en color sino en volumen, en espacialidad, en formas. Le interesa la experimentación pero no arriesga en seguridad edilicia, sino en composición y en forma.

En el exterior se manifiestan volúmenes rotundos, poderosos, donde nada se esconde. Cajas de vivienda que en el interior fluyen, conviven y entretejen paños sólidos de trama cerrada frente a ventanales que aportan la energía natural de la luz, el sol y la vegetación. Otra de las características de este arquitecto se centra en aventanamientos pequeños que se insertan en los muros a alturas extremas y en formatos como de módulos de los paralelepípedos constructivos y sus proporciones.

La textura de concreto a la vista, incierta en diversos paisajes, crea un innegable diálogo de estructura y sensualidad. El concreto en crudo provee la textura y la estética del volumen, en conjunción con el metal que se presenta en parte crudo y desnudo. Cada una de sus realizaciones manifiesta el respeto por el lugar como premisa, donde el verde domina y define la arquitectura. No podemos competir con la perfección y la belleza de la naturaleza, sólo podemos enmarcarla y contemplarla.

fied local builders. But he carried out the research, performed tests, trained people and delivered positive results. This is a fact that must be emphasized because it offers several different interpretations. A training process requires a plan and techniques. This training may be offered by someone in the team or by an external facilitator. An understanding of the training process opens up two notable aspects. First, the early sense of social responsibility Pardo evinces by deciding to train workers in new skills. Second, in this way he contributes to the development of a new skill sector in Xalapa, one that goes beyond offering verbal references.

After seeing the results of Rafael Pardo's projects, several architects hired the workers Pardo had employed, or asked them to train others, and in this way began to build a series of projects following the example of exposed concrete set by this local architect, the pioneer of this development in his native Xalapa.

The presence of touch... The desire for touch... Materiality and touch are physical and mental connections through which architecture produces the most diverse kinds of spaces, from private rooms to vast shopping malls, factories or animal sheds. There is no doubt that when the architect sketches out the project for a private house he is imbued with a warmer and more organic vision than when he is drawing a pavilion filled with retail stores, a similar situation to comparing parking lots to children's rooms.

The use of exposed concrete awakens sensations of expansion, plans, roughness, unevenness, protection and a blind façade. Whether connected or not, these and other perceptions of this material's surface evoke fundamental human experiences.

This complements Pardo's focus on privacy. His homes façades seal off what happens inside them. A small aperture barely permits communication between interior and exterior. Open and closed are two terms that play on his surfaces in a clearly deliberate fashion. Extending these reference points indoors, the private and social areas of his homes are fluidly communicated, with separations comprising cement and glass. The density of the concrete and the transparency of the glass make up two levels of separation. The concrete absorbs the light and creates a body that prevents passage, both physical and visual. The glass separates while it connects, provokes, welcomes the gaze, transmitting light and the surroundings and communicating even though it is neither a door nor window, but a wall of metal-framed glass.

Meanwhile, mentioning cement usually conjures up images of natural, stony or sandy hues. Today, cement is a material that offers many different possibilities even in terms of color; it may be stained, polished or finished in countless ways.

However it cannot be made transparent, nor used as a malleable material if structural strength is the aim. The mix will dry, and this is its ultimate meaning. In this way it can hold up, block, enclose, support. It can do so even better if the mix is the result of a chemical study, or if it is reinforced with metal.

Desde su inicio profesional ha arriesgado al decidir su camino: trabajar el cemento directo en Xalapa donde varios colegas con experiencia le aconsejaron no hacerlo, considerando que no había allí la mano de obra experta para realizarlo. Rafael Pardo investigó, hizo pruebas, entrenó al personal y recibió gratificantes resultados. Este es un hecho que se debe enfatizar porque ofrece varias lecturas. Un proceso de capacitación y adiestramiento requiere de un plan y técnicas para realizarlo. Dicha capacitación puede realizarse por medio de alguien desde el mismo grupo o por un facilitador externo. La comprensión de la capacitación se abre a dos situaciones destacables. Primero, la temprana responsabilidad social que pone en evidencia el arquitecto Pardo al decidir formar trabajadores en algo que desconocían. Segundo, de esta manera, él aporta al desarrollo de una nueva área de trabajo en Xalapa. Este fenómeno social se registra más allá de la referencia oral.

Cuando algunos arquitectos vieron los resultados en las construcciones de Rafael Pardo, contrataron a los trabajadores que Pardo empleó, o les encargaron que formaran a otros y empezaron a construir algunas obras siguiendo el ejemplo del concreto a la vista provocado por este arquitecto local, quien vislumbró ese desarrollo para su Xalapa natal.

La presencia del tacto... El deseo del tacto... Materialidad y tacto son conexiones físicas, mentales y psíquicas a través de las cuales la arquitectura produce los espacios más diversos desde las recámaras hasta las inmensas plazas comerciales, fábricas o galpones para animales. Es indiscutible que cuando el arquitecto traza el proyecto de una casa lo invade una visión más cálida y orgánica que al bocetar un pabellón lleno de tiendas, en la misma medida cuando considera los estacionamientos y los cuartos de los niños.

El uso del cemento a la vista despierta sensaciones de extensión, planimetría, rugosidad, aspereza, protección y de trama cerrada. Asociadas o no, éstas y otras percepciones de la piel de este material conllevan experiencias humanas fundamentales.

Esto coincide con la idea del arquitecto Pardo de la privacidad. Los frentes de sus casas sellan lo que sucede adentro. Apenas alguna pequeña apertura permite la comunicación interior-exterior. Abierto y cerrado son dos términos que juegan en sus planos de definida manera intelectual. Extendiendo a la vez estos referentes, las áreas privadas y las sociales de sus viviendas sostienen comunicaciones fluidas, separadas mayormente por cemento y por vidrio. La densidad del concreto y la transparencia del vidrio conforman dos niveles de separación. El concreto absorbe la luz y crea un cuerpo que impide el paso y la visión. El vidrio separa tanto como conecta, provoca, invita a ver, transmite luz, entorno, comunica aunque no sea una puerta ni una ventana sino una pared de vidrio enmarcada por metal.

Por otra parte, al decir cemento se produce una referencia de color generalmente relacionada a los tonos naturales, pétreos o arenosos. Hoy en día el cemento es un material que ofrece muchas variantes incluso en relación pigmentaria. Se lo puede pintar, bruñir y dar infinidad de acabados. Pero no se le puede

Raw concrete presents a solid, uncluttered and revealing visual texture. Pardo's building programs neither hide nor conceal proportions. The large geometric masses emerge boldly, and stand out in urban zones. Outside of the city's built-up areas, large sites offer a different, sculptural, trans-brutalist experience.

In a city where the zigzags are as frequently horizontal as they are vertical, and in a zone just outside central Xalapa, a building rises in a confined space. It stands out for its height and mass on streets dominated by low-rise and occasional medium-rise constructions. Located at Luis J. Jimenez 42, barely half a block from the large Parque de Los Berros, green neon lights shine beneath a distinctive architectural volume. The neon does not overwhelm our reading of the Flavia building. Nor does the parallelepiped floor plan disturb the street or the adjacent buildings.

The language of the landscape indicates an upper street and a lower street. Where one sector of the Los Berros sidewalk ends, it opens onto a steep cobbled street, defined on the other side by a ridge that bears an old name that crowns the corner—Flavia—invoking local history. Reflecting and paying tribute to this feature, the same name is given to the mixed-use building of apartments, art gallery and café, which won Pardo four awards.

The Flavia apartments are small, each different from the other, original and offer different modes of living thanks to their diverse ways of opening up to the landscape. The architect increased the proportion of windows as the building rises, while retaining privacy in the zones overlooked by adjacent buildings.

The Flavia gallery establishes a typical Mexican Baroque theatricality. The tensions of diagonal walls, double-height ceilings and provocative uses of glass combine with its adaptable roles as a contemporary art space and venue for roundtable discussions, book presentations, architecture events and more. Being in Xalapa, the essential café is sheltered beneath the staircase.

Architects see Jimenez 42 as a work of brutalist, daring architecture. Both terms define it. It has been carefully studied to take best advantage of the available site and to get the most out of the space in relation to the intended program.

Unlike visual artists, who need someone to exhibit, disseminate, guide and promote them, architects have no need of these intermediate steps because their work is usually functional and meets a need for housing, factories, laboratories and other practical buildings, where aesthetics cannot be ignored yet are not the principal requirement.

In 2014, Rafael Pardo was commissioned to build La Marquesina. Some would say this is a "miniature" at just 105 square meters, built in white concrete. To a large extent, certain profiles of both La Marquesina and Flavia, and above all the meetings of horizontal and vertical volumes in Oyamel or Briones, evoke the mannerism of Michelangelo's Laurentian Library.

Another of the avatars of this book is the Oyamel House. Its theatricality requires little description; we need only mention that it dares to frame the Pico de Orizaba and Cofre de Perote peaks in exposed, brutalist concrete. It might be said that its terrace is a preamble to the rewards.

dar transparencia, ni se lo puede usar como un material maleable si uno busca resistencia constructiva. La preparación se secará y ese es su sentido último. Así podrá sostener, bloquear, cerrar, soportar. Mas lo podrá hacer si su preparación es de resistencia químicamente estudiada, y más aún cuando se le integra metal.

El concreto en crudo presenta una textura visual sólida, despojada y reveladora. Los programas constructivos de Pardo no ocultan las proporciones ni las encubren. Los grandes macizos geométricos emergen sin pudor y se imponen en zonas urbanas. Mientras que en terrenos fuera de las secciones citadinas más construidas, los amplios terrenos ofrecen una experiencia diferente, escultórica, trans-brutalista.

En una ciudad cuyos zigzags son tanto horizontales como verticales, en una zona lateral del centro de Xalapa, se yergue un edificio en un apretado terreno. Se destaca por su verticalidad y su masa en calles de casas bajas o de ocasional mediana altura. Es en Luis J. Jiménez 42, a escasa media cuadra del amplísimo Parque de Los Berros, que surgen unas luces de neón color verde y, más arriba, emerge un distintivo volumen arquitectónico. El neón no obnubila y deja leer FLAVIA. El paralelepípedo tampoco perturba la calle ni los edificios contiguos.

El lenguaje en el paisaje nos vuelve calle abajo y calle arriba. Donde termina un sector de la banqueta de Los Berros, se abre paso una calle empinada y adoquinada, limitada en su otro lado por una cuchilla que ostenta un desgastado nombre coronando la esquina, dice Flavia, y cobija una historia local. En repiqueteo y en homenaje surge el nombre del edificio de departamentos y de la galería de arte-cafetería construida por el arquitecto Rafael Pardo, quien obtuvo cuatro premios por ese edificio de uso mixto.

Los departamentos de Flavia son pequeños, diferentes entre sí, originales y el alcance con que cada uno se abre al paisaje establecen maneras diversas de vivir. El arquitecto fue aumentando la proporción de aventanamiento a medida que se elevaba el edificio para no perder privacidad en las zonas donde la visibilidad aún estaba al alcance de otras viviendas.

La galería Flavia establece una típica teatralidad barroca. Tensiones de muros diagonales, dobles alturas y provocadores usos de vidrio conjugan con los cambios de roles de un espacio de exhibición de arte contemporáneo, que también cumple la función de auspiciar conversatorios, presentaciones de libros, jornadas de arquitectura y demás. Infaltable siendo Xalapa, el café se cobija bajo la escalinata.

Los profesionales, al ver Jiménez 42, dicen que es una arquitectura brutalista y atrevida. Ambos términos la definen. Está bien estudiada para sacar el mejor partido del terreno disponible y del aprovechamiento del espacio en relación a los objetivos de uso trazados.

A diferencia del artista visual que necesita quién lo exhiba, difunda, oriente y promocione, el arquitecto no requiere esos pasos intermedios porque su trabajo es en gran parte funcional y cubre necesidades de vivienda, de fábricas, de laboratorios y de otros entes prácticos en los cuales la estética no puede faltar pero no es el requerimiento mayor.

En 2014, el arquitecto Rafael Pardo, a pedido de unos clientes, construye La Marquesina. Hay quien diría que es “una miniatura” de 105 metros

Trans-brutalism reveals itself in several of his buildings, expressing itself after deconstructing the rigid functions for which the buildings were designed and built.

While we were working on this book, Rafael Pardo had a further two projects under construction more or less in parallel. While his completed works have received a number of prizes that he accepts modestly with a smile, these works-in-progress could well be characterized as *poïétique*, a term coined by Paul Valéry in 1937 in his First Course in the Collège de France to designate the study of a work in progress—a work of art, which could well be a work of architecture.

Recently, Rafael Pardo has begun to teach. On a much more private level than his profession as an architect, he also produces paintings and sculptures. In all of these three fields of aesthetics, the process is of great value to him and to those who have the opportunity to share them with him. He mentions that "we're about to cast" and his voice reveals his excitement. With similar emotion he remarks that "I'm working on a relief piece, but I don't know when it'll be finished." The work in process, which is one of the forms of expression of today's art, entails a constant alertness to research. At this point, Pardo's architecture coincides with his visual art. This is where the seeds of his ideas and his creative resources germinate, although the challenges of architecture are necessarily greater as the sites change together with the expectations of clients and the responsibilities of production.

Each construction manifests its autonomy. There are elements shared by the different buildings that bear his name, but there is no repetition. Although Pardo builds neither the marvelous pyramids nor the friezes as produced by the pre-Hispanic cultures of his native Xalapa, there is a shared dream between then and now: the geometry they understood how best to deploy.

In the cloud forest between the aromatic, fertile earth and the surreal clouds, humid Xalapa is home to several further buildings by Rafael Pardo that have not been mentioned here. Viewing all his works ratifies their trans-brutalist character, a clear conscience of his epoch. That is why exposed concrete is the path he has chosen today. His choice of material, his proportions and the trans-brutalist denomination may change. It is a question of observing his future challenges. Here's hoping there are many more to come.

cuadrados realizada en cemento blanco. En buena medida, ciertos perfiles de La Marquesina y de Flavia, y sobre todo los entronques de volúmenes horizontales y verticales de Oyamel o de Briones, permiten evocar el manierismo de la Biblioteca Laurenciana de Miguel Ángel.

Otro de los avatares de esta publicación y quien la provoca es Casa Oyamel. Su teatralidad no requiere mayor descripción; si tan sólo se enuncia que tiene la osadía de enmarcar con concreto aparente y de manera "brutalista" el Pico de Orizaba y el Cofre de Perote. Podría decirse que su terraza preanuncia los premios recibidos.

El Trans-Brutalismo se hace evidente en varios de sus edificios,
se manifiesta habiendo deconstruido las funciones rígidas
para las cuales se trazaran y construyeran los edificios antes.

Mientras estábamos trabajando en este libro, Rafael Pardo estaba construyendo dos edificios en tiempos semiparalelos. Si sus realizaciones han recibido varios premios que él disfruta sonriendo sin ostentación, estas obras en proceso bien podrían caracterizarse como *poïétique*, vocablo que propuso Paul Valéry en 1937, en su Primera Lección en el Collège de France para designar el estudio de una obra en proceso —una obra de arte, que bien puede ser una obra arquitectónica.

Recientemente, Rafael Pardo ha comenzado a ejercer la docencia. En un plano mucho más privado que su profesión de arquitecto, también pinta y hace escultura. En estos tres terrenos de la estética, el proceso es sumamente valioso para él y para quienes tienen la oportunidad de compartir ese hacer. Verbaliza un "Estamos a punto de colar" y la voz revela emoción. También emocionado comenta: "Estoy haciendo un relieve aunque no sé cuándo lo terminaré." La obra en proceso, que es una de las expresiones del arte actual, conlleva la investigación siempre alerta. En este vértice coincide el trabajo de Pardo en arquitectura y en artes visuales. Ahí afloran sus ideas germinales y los recursos de su creatividad, aunque los retos arquitectónicos son mayores dado que cambian los terrenos, los requerimientos de los clientes y las responsabilidades de la producción.

Cada construcción manifiesta autonomía. Hay elementos en común entre los diversos edificios que llevan su autoría pero no hay repetición. Pardo no construye pirámides ni frisos a la manera de las culturas precolombina que en su natal Xalapa dieran maravillosos ejemplos. Sin embargo, hay un sueño en común del entonces y el ahora: la geometría que supieron desplegar.

En la zona del bosque mesófilo, entre la tierra aromáticamente germinadora y las nubes surreales, la húmeda Xalapa contiene varios más edificios de Rafael Pardo de los que se han mencionado aquí. Visualizar sus obras ratifica que quien la firma trabaja el Trans-Brutalismo, una clara consciencia de su época. Es por ello que si hoy es de esta manera y con cemento a la vista, esta es su apuesta actual. Su elección de material, sus proporciones y lo trans-brutalista pueden cambiar. Es cuestión de observar cuales son sus atrevimientos futuros. Es de esperar que los haya.

PROYECTOS
PROJECTS

CASA BRIONES
BRIONES HOUSE

Casa Briones Briones House / Área construida Constructed Area **600 m²** /
Ingeniería estructural Structural Engineering **Rafael Gonzalo Jorge Zaldo Martínez** /
Lugar Location **Xalapa, Veracruz** / Año Year **2012**

The house is located in a humid, densely-wooded area close to the old Xalapa-Coatepec road, towards the top of a slope offering views over the nearby hillside, a nature reserve designated by the city's environmental protection institute. The building's program unfolds across a carefully balanced series of volumes with white concrete interiors and exteriors. A double-height entrance introduces a dialogue between void and solid, which, together with the natural light, suggests different routes through the house. A glass bridge joins the public to the private areas. The double-height feature returns in the living-cum-dining room, creating an interplay of light and shadows and a closer connection with the surrounding nature. The main façade is almost blind, with small apertures to check on visitors' arrival while still maintaining privacy for the house's occupants. In contrast, the rear façade opens onto the landscape, continuing the link between exterior and interior as found almost throughout the house. This home can therefore be interpreted as an extensive, inhabitable sculpture in which each volume contains a space with its own function yet still forms part of a whole, since one would not be possible without the other.

La casa emerge en una zona húmeda y boscosa sobre la antigua carretera Xalapa-Coatepec. El terreno se encuentra en la parte superior de la colina y ofrece grandes vistas al cerro vecino, un área protegida por el Instituto de Ecología de la ciudad destinada a una reserva ecológica. Un juego de volúmenes equilibrados de concreto blanco en el interior y el exterior desarrolla el programa de la casa. A la entrada, una doble altura permite conocer el diálogo entre vacíos y llenos, que asistidos por el baño de luz natural indican los diferentes recorridos de la casa. Un puente de cristal lleva a la zona íntima, como elemento unificador entre lo público y lo privado. En la sala-comedor se repite este juego de doble altura con el que se generan diferentes ambientes de luces y sombras para gozar del paisaje natural de la zona. La fachada principal es prácticamente ciega, con pequeñas perforaciones que permiten asomarse a la llegada de los visitantes al tiempo que se resguarda la intimidad de la casa. Al contrario, la fachada posterior se abre al paisaje para mantener un diálogo entre el exterior y el interior desde prácticamente todos los espacios de la casa. Como tal, la casa se puede leer como una gran escultura habitable en la que cada volumen resguarda un espacio con función propia y a la vez forma parte de un todo, pues no sería posible lo uno sin lo otro.

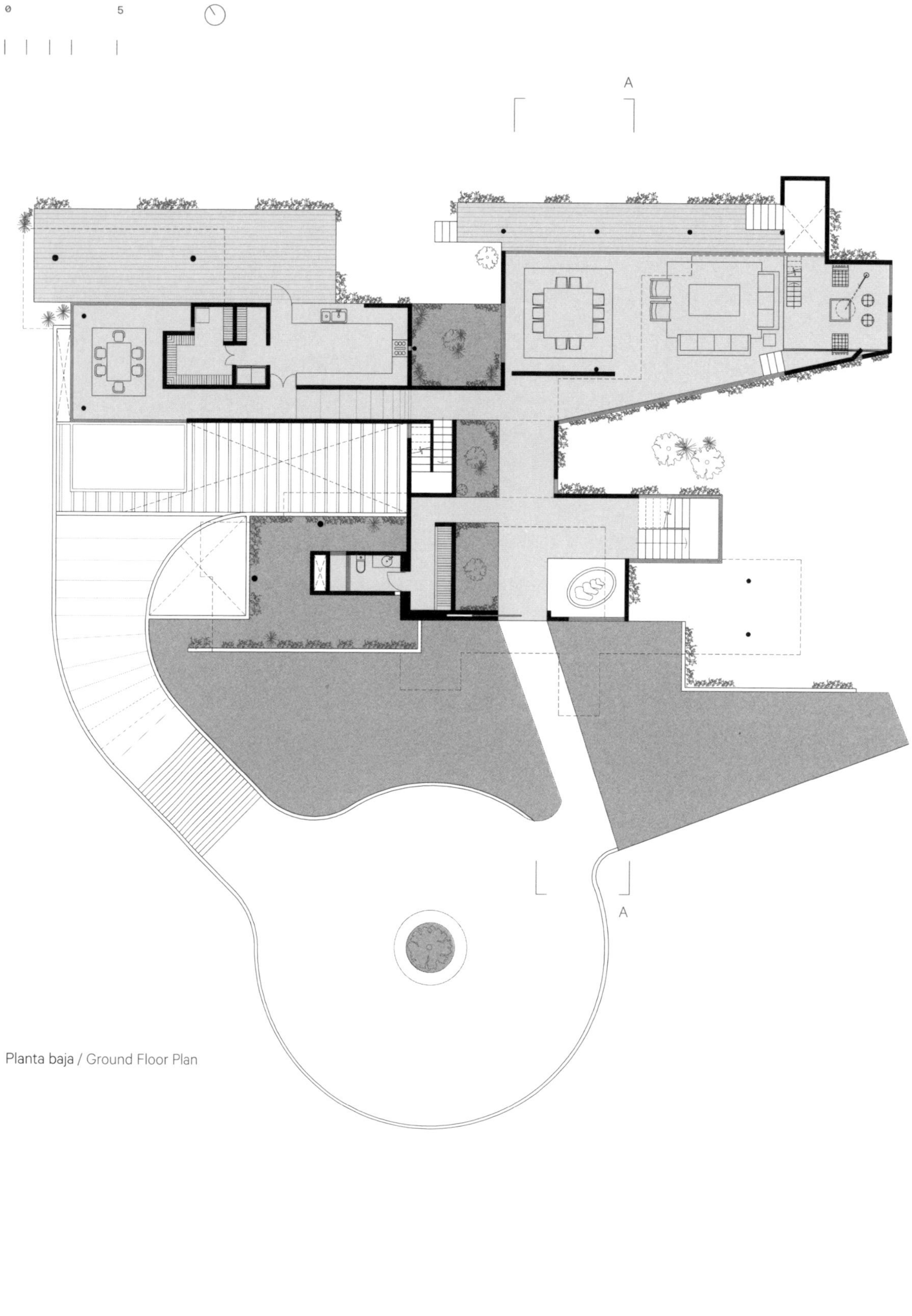

Planta baja / Ground Floor Plan

Planta alta / Upper Level Plan

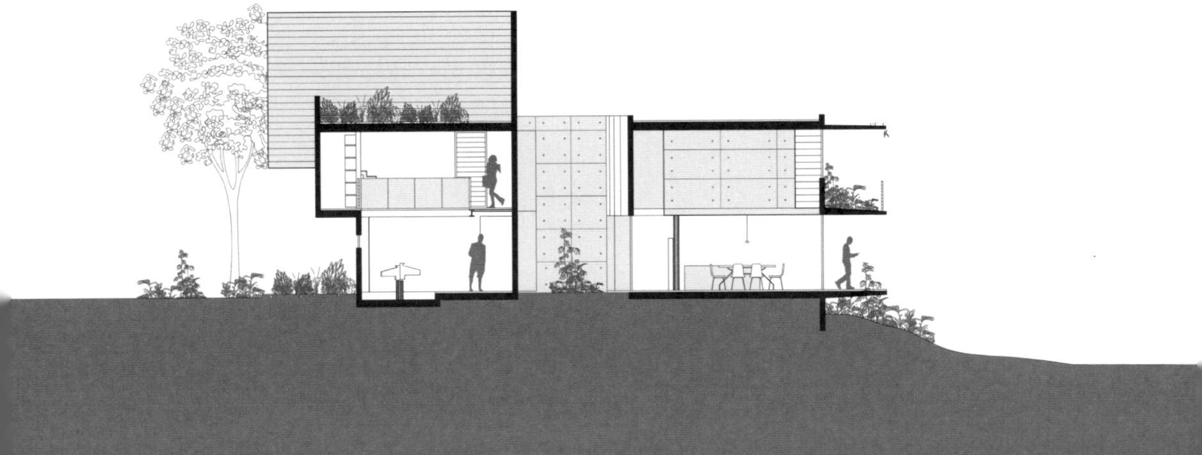

Secccción A / Section A

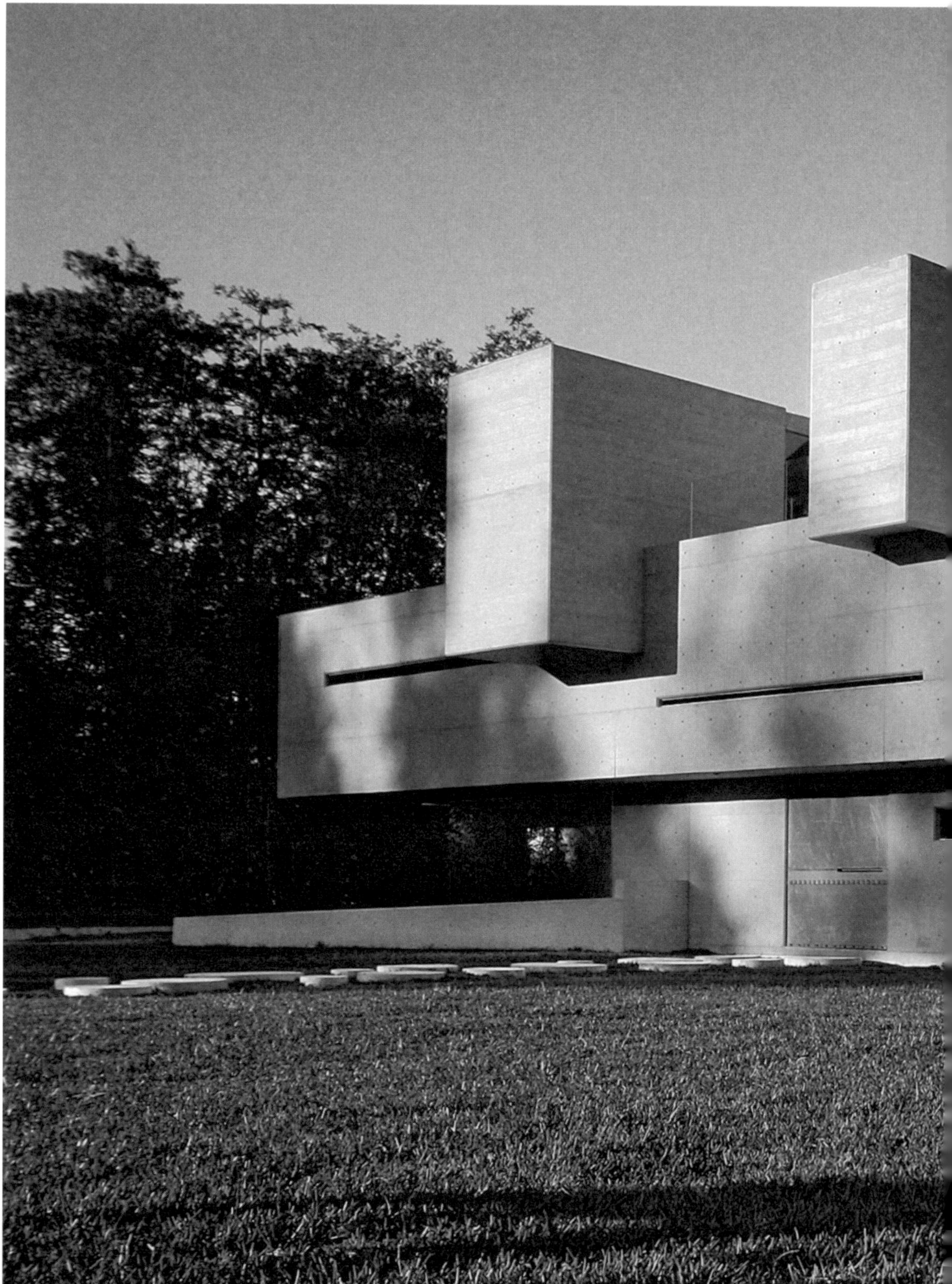

LA MARQUESINA

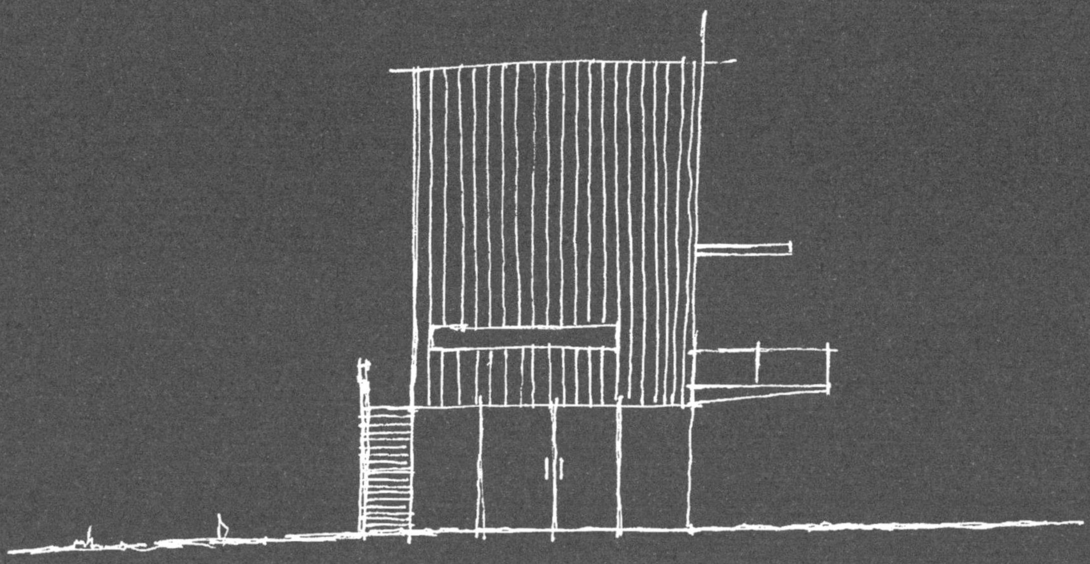

Nombre del proyecto Project Name **La Marquesina** / Área construida Constructed Area **105 m²** / Ingeniería estructural Structural Engineering **Enrique Alvarez Castilla** / Lugar Location **Xalapa, Veracruz** / Año Year **2014**

The project is situated between Xalapa and Coatepec, in a mountainous zone of cloud forest, surrounded by tall and dense vegetation and the mists typical of this ecosystem.

La Marquesina is a refuge close to the pool, independent of the house on the same site yet connected via a planted walkway that runs the length of the garden until it reveals to the gaze the white concrete volume conceived as a container for social activities and to complement the pool services.

Expanding over two floors, it generates a landscape-level coexistence; the ground floor contains the open kitchen and dining area with a fully opening door to allow extension onto the terrace looking over garden and pool. Harbored in the double-height upper floor, the television room extends to the bar to unify functions, while the balcony emerges to express an appreciation of the landscape.

El proyecto se localiza en los límites de Xalapa y Coatepec; una zona de bosque mesófilo de montaña, rodeado de abundante vegetación de altura prominente y neblina característica de este ecosistema.

La Marquesina es un refugio cerca a la alberca, independiente a la casa dentro del mismo terreno pero conectadas a través de una pasarela vegetal que recorre el jardín hasta detonar la visual en el volumen de concreto blanco concebido como contenedor de actividades sociales y para complementar los servicios de la alberca.

Se desenvuelve en dos niveles generando una convivencia rasante con el paisaje; la planta baja contiene la cocina abierta al área de comedor con un cancel que abre completamente para extenderse hasta la terraza que confronta al jardín y la alberca. Albergada por la doble altura en la planta alta, la sala de televisión se propaga hasta el bar para unificar la función y como una extensión a la apreciación paisajística emerge el balcón.

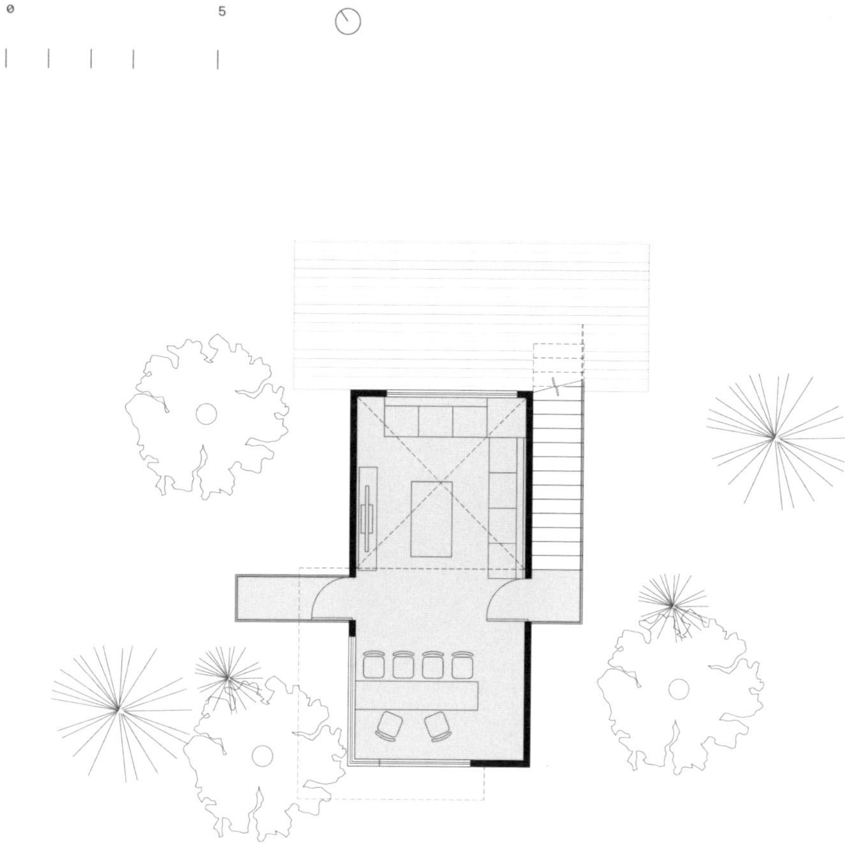

Planta alta / Upper Level Plan

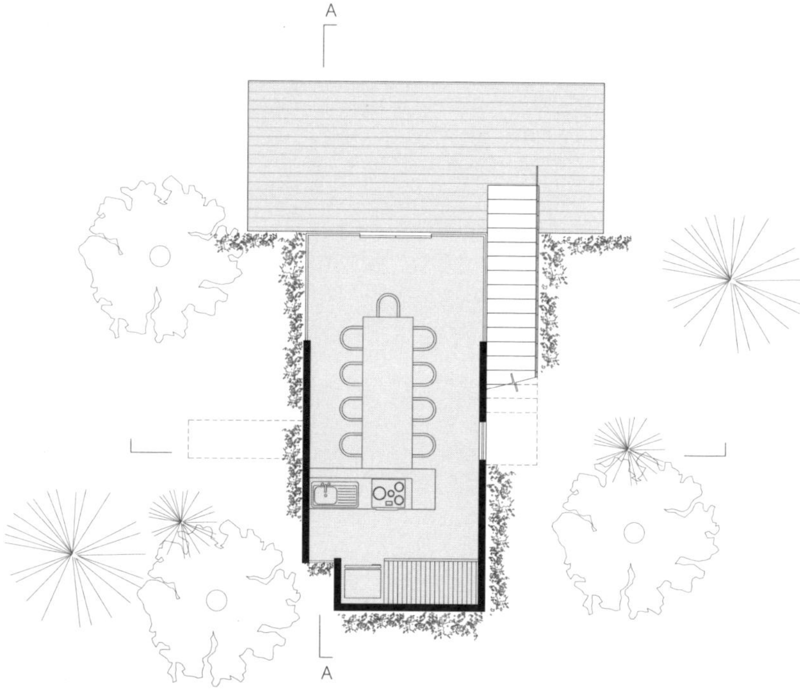

Planta baja / Ground Floor Plan

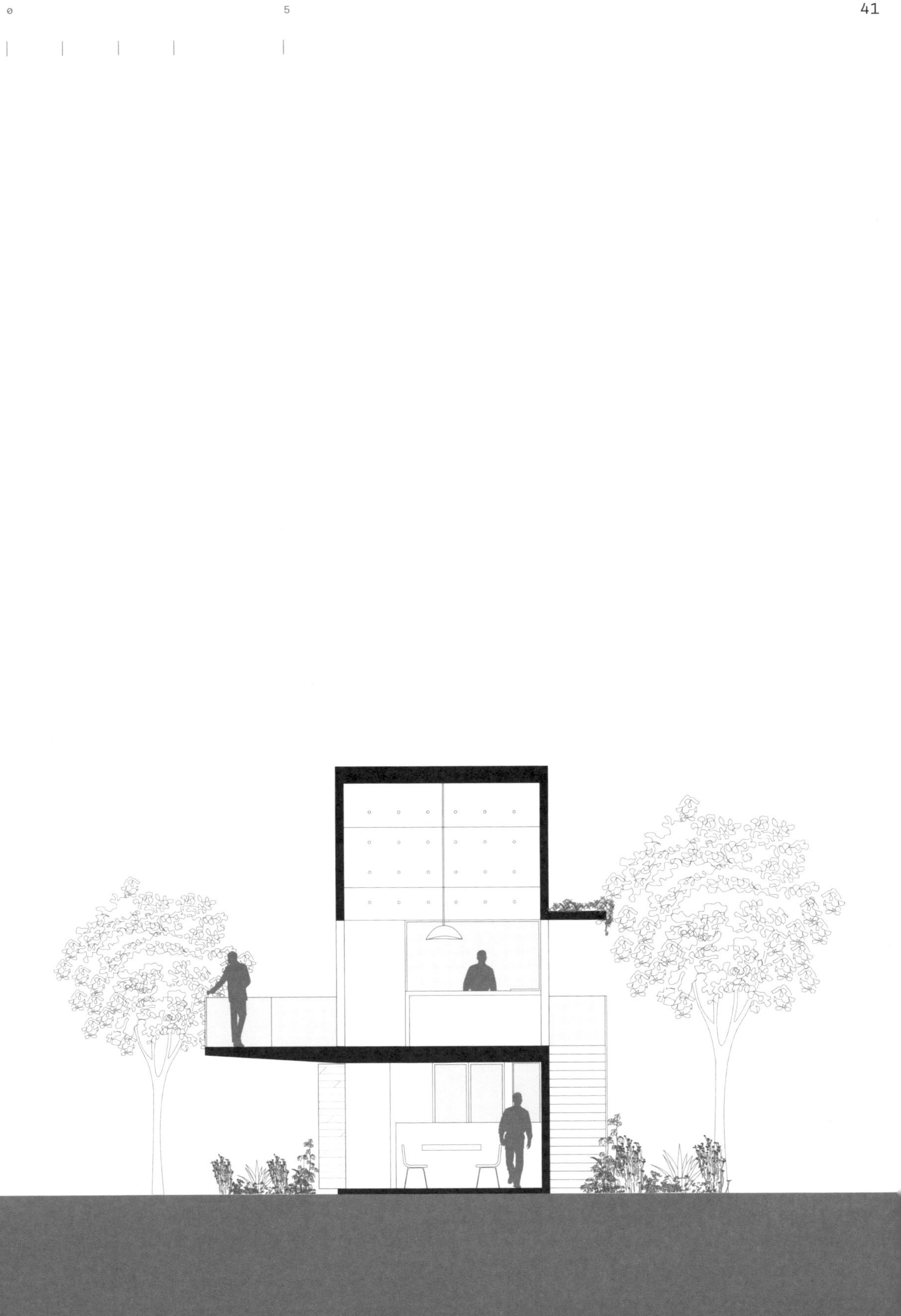

Secccíón A / Section A

CASETA PASEO DE LA REINA
PASEO DE LA REINA ENTRANCE BOOTH

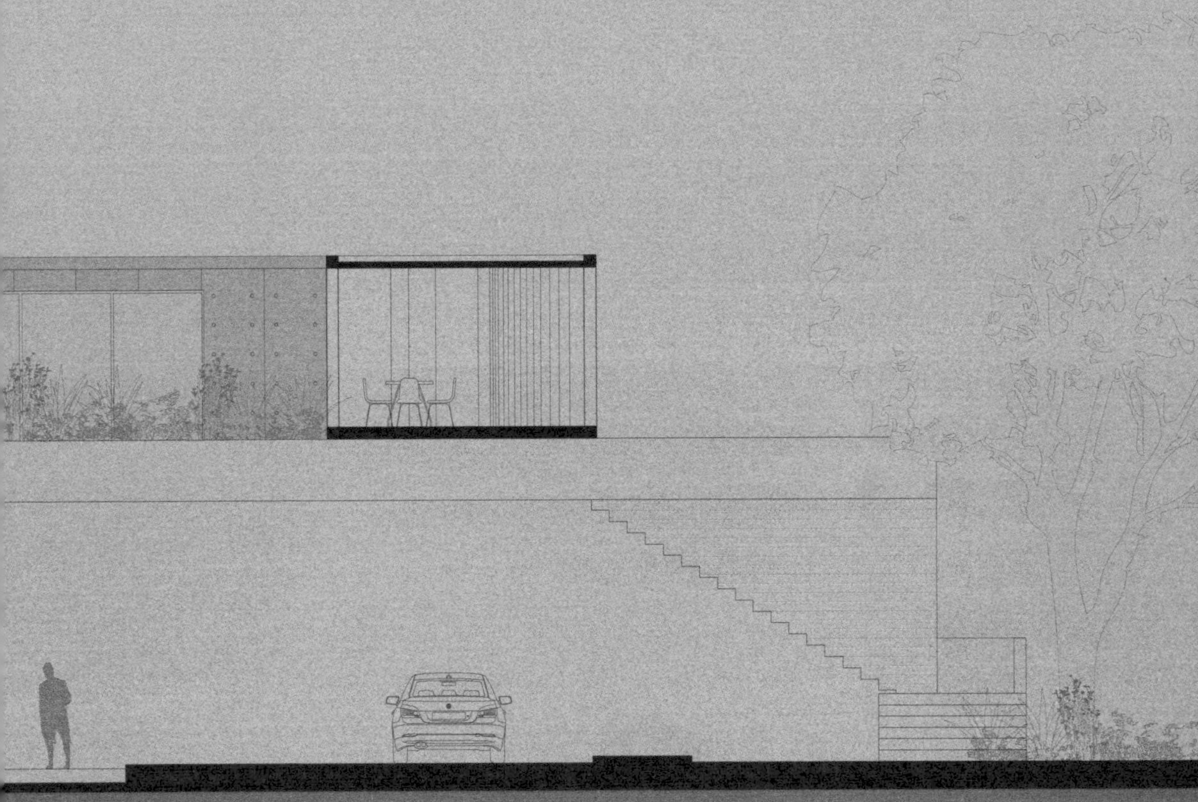

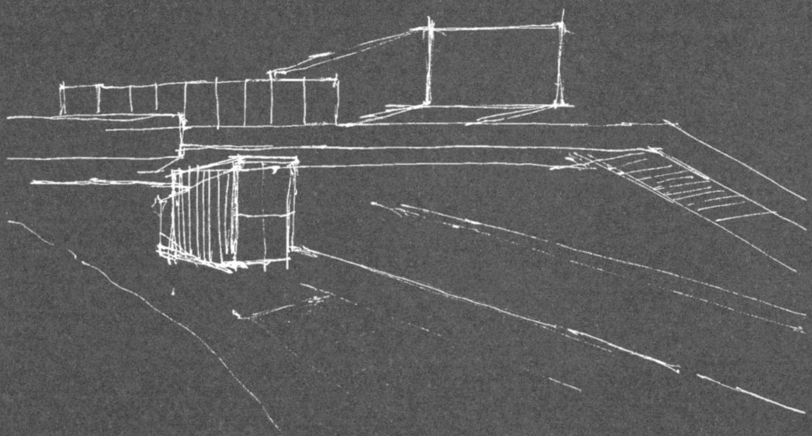

Caseta Paseo de la Reina Paseo de la Reina Entrance Booth / **Área construida** Constructed Area **392 m²** / **Ingeniería estructural** Structural Engineering **Mario Ricalde Camacho** / Lugar Location **Xalapa, Veracruz** / Año Year **2016**

A levitating box in dialogue with the cloud forest, providing the entrance booth and promotion and sales office for lots in the residential development. As part of the development's infrastructure, the entrance booth stands out as a bold container made of reinforced concrete, glass, steel and timber. The entrance booth is designed as a landmark for the complex. A number of residential developments are currently being built in this rapidly growing area. The complex's ambience drives the interior architectural concept, for future constructions. The interplay between the volumes is complemented by the profuse vegetation in the development. The sober volumes and palette of materials stand out due to their natural properties, acquiring a dignified patina over time and adding a contemporary character. These finishes extend to the paving, which reduces noise and slows down vehicular traffic. On the ground floor, at the center of the complex, a transparent volume forms the entrance booth, with a service washroom at one end within the concrete column. A set of stairs and a ramp lead to the upper floor, which contains a sales office with its own washroom and a terrace providing panoramic views. This terrace also forms a roof over the entry and exit points for residents.

Caja levitando en diálogo con el bosque mesófilo, con caseta de acceso y punto de promoción y venta de lotes del fraccionamiento. Como parte de la infraestructura del fraccionamiento emerge la caseta de acceso, un contenedor de volumetría franca de concreto armado, vidrio, acero y madera. La caseta busca ser un hito del conjunto. La zona de emplazamiento atraviesa un crecimiento exponencial y a la par se desarrollan varios complejos habitacionales. La vida del conjunto es un detonante de la tendida arquitectónica que se persigue en su interior, para futuras construcciones. El juego volumétrico se acompaña del entorno vegetal que se propaga por el fraccionamiento. La volumetría honra líneas sobrias, la paleta de materiales elegida destaca por sus propiedades naturales, pues envejecen dignamente y aportan carácter contemporáneo. Estos acabados se propagan hasta los pisos, que reducen el ruido y provocan baja velocidad al usar vehículos. En la planta baja, al centro del conjunto, se localiza un volumen translúcido que alberga la caseta de vigilancia; y en un extremo, al resguardo de la columna de concreto, un sanitario de servicio. Los accesos a la planta alta son a través de escaleras y rampa. En la planta alta se encuentra la oficina de venta, con baño y una terraza desde la cual puede contemplarse el área. Esta terraza da cubierta a los puntos de acceso y salida de los habitantes.

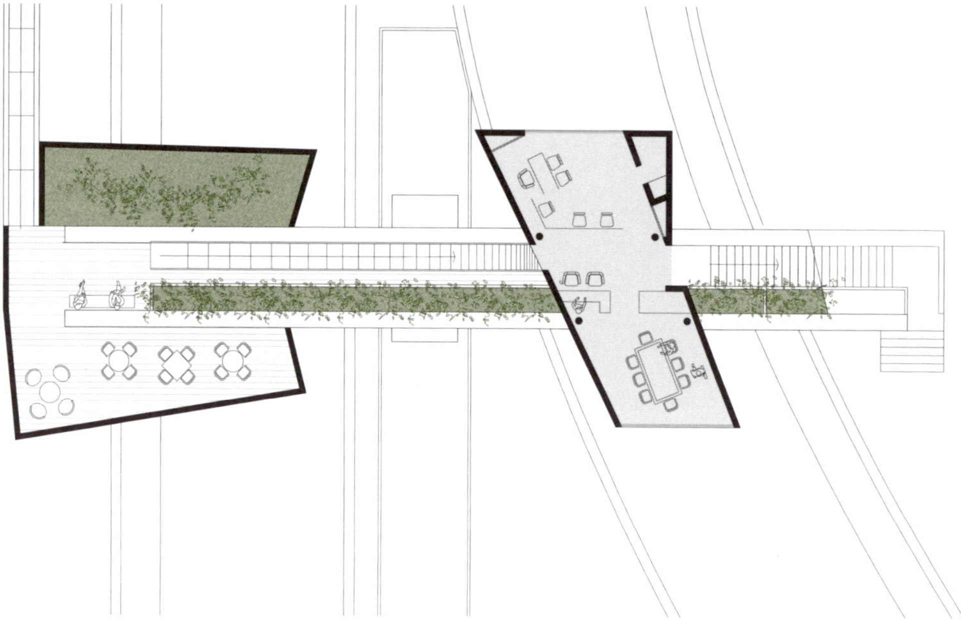

Planta alta / Upper Level Plan

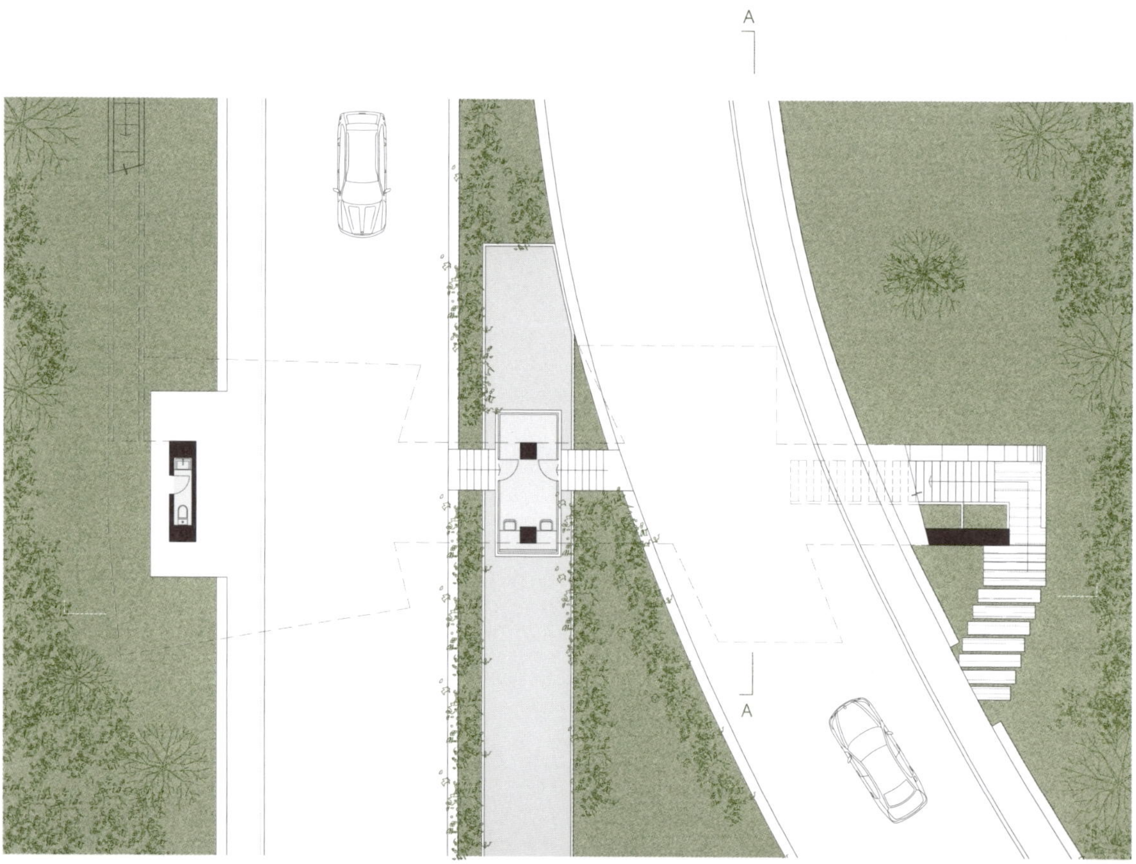

Planta baja / Ground Floor Plan

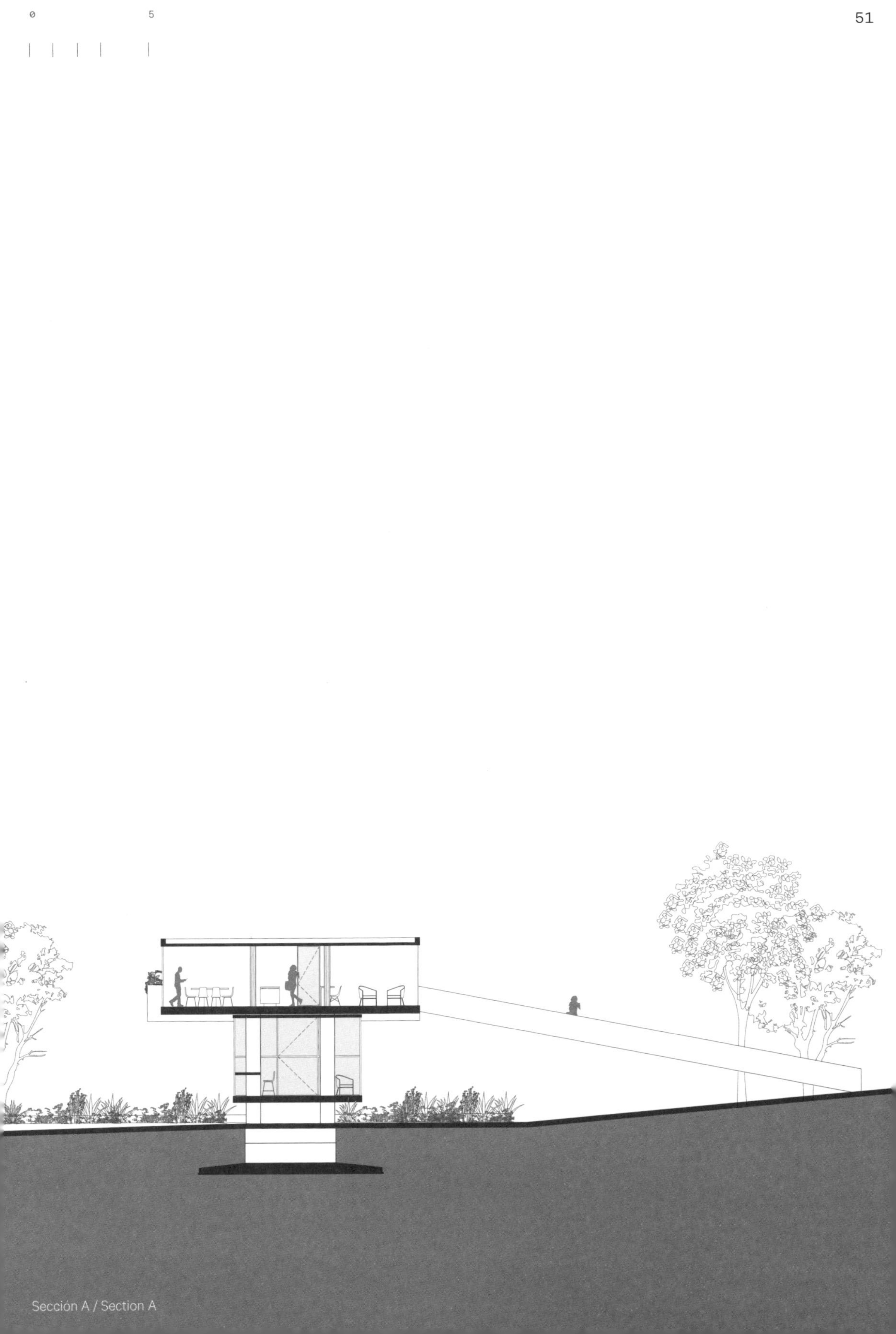

Sección A / Section A

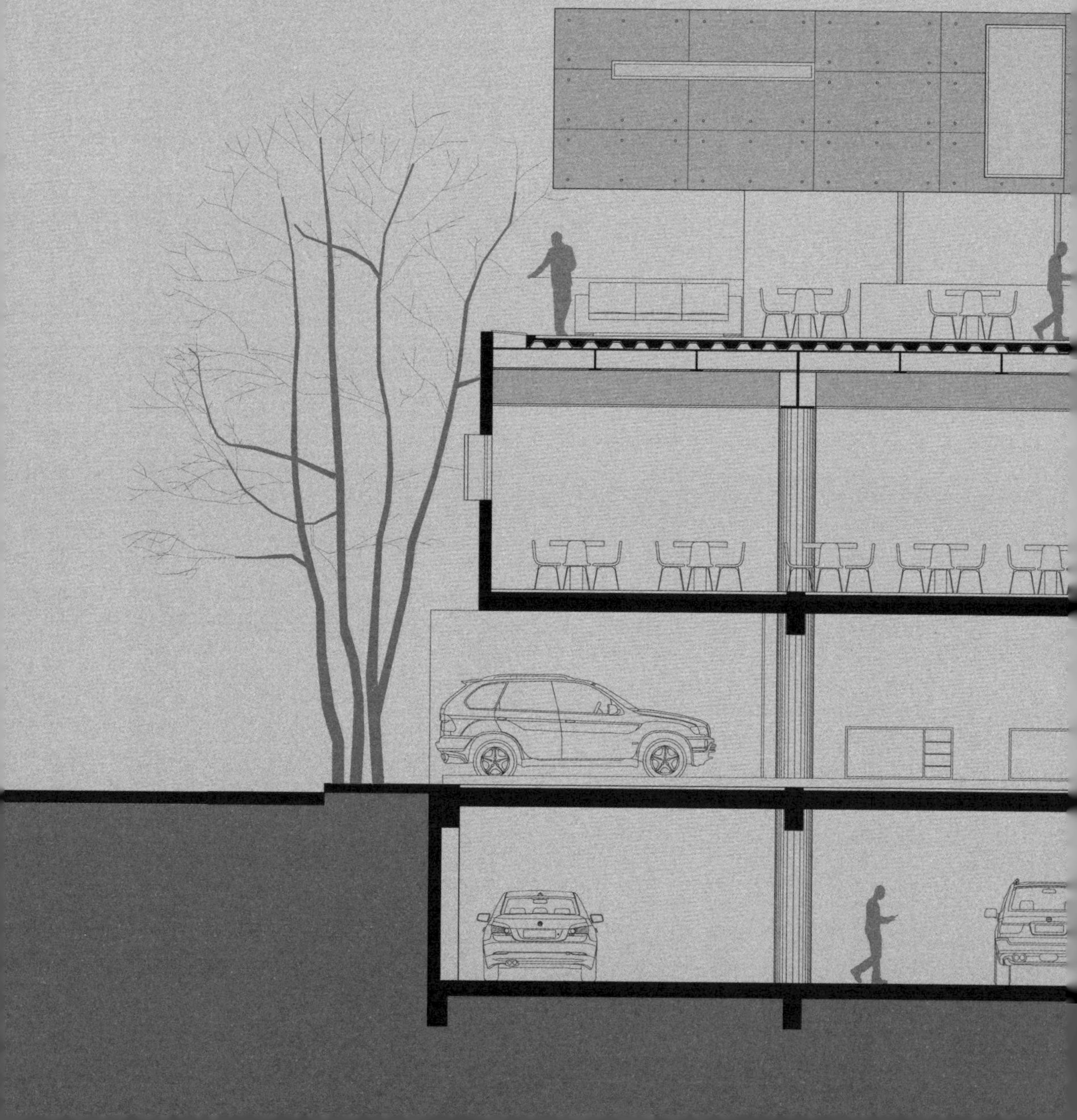

EDIFICIO MG
MG BUILDING

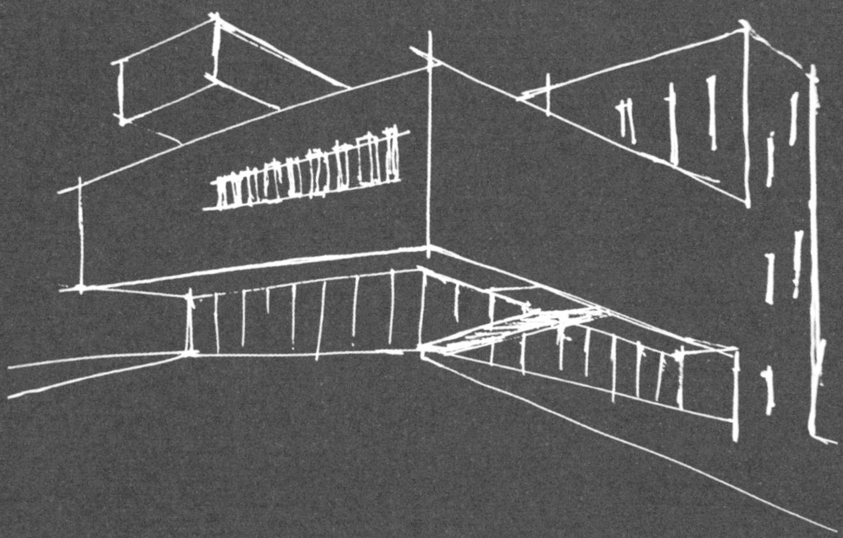

Edificio MG MG Building / Área construida Constructed Area **448 m²** / Ingeniería estructural Structural Engineering **Rafael Gonzalo Jorge Zaldo Martínez** / Lugar Location **Xalapa, Veracruz** / Year Año **2016**

MG emerges from a brief for a spatially flexible building that also respects its surroundings. The site is located on the corner of a flourishing shopping street in an area of low-density housing, very close to the hill of Macuiltépetl that acts as a natural landmark and creates the broad slopes of the city. The architecture's straightforward use of volumes is excitingly bold; most elements are left exposed and the connection between the space and the human body is understood in relation to the different activities planned for this location. The choice of natural materials with their own language stands out: the exposed concrete, timber, marble, aluminum, and glass were well-chosen for a public building to be given intensive use. The gray and black tones of the exposed concrete make an understated, contrasting chiaroscuro effect. The volumes are stacked in such a way as to echo the horizontal tendency of the built context. The underground parking area is accessed from the side street, which links it to the ground floor of the retail space, set back a few meters from the sidewalk to make space for the subsequent volume. The latter stands out as it houses the multipurpose room and sets up a dialogue at a raised level with the existing mature tree and the adjacent houses. This multipurpose room alludes to a music box and has an insulated enclosure that cuts out the traffic noise. It is lit from above and from the sides by evenly spaced mullions. The next two volumes provide space for the offices and offer views from the terrace over the lounge's roof. To the rear, a third volume contains private offices, an elevator, service elevator, and staircases.

MG nace de la petición de construir un edificio flexible en cuanto a las posibilidades espaciales y que mostrara respeto hacia su entorno. El terreno se ubica en una esquina sobre una avenida comercial en vías de crecimiento y a su vez rodeada de viviendas de baja densidad, muy cercano al cerro del Macuiltépetl, un hito natural, responsable de las amplias pendientes sobre las que se desplanta la ciudad. La línea de arquitectura que se persigue muestra una volumetría inocente, que cautiva al usuario en una atmósfera franca, pues la mayoría de sus elementos se manifiestan al desnudo y el vínculo entre el espacio y el ser humano es comprensivo en relación con los diversos rituales que se programan por los modos de uso. La elección de materiales naturales destella por medio del uso de concreto aparente, madera, mármol, aluminio y cristal, a lo que se aúna el dominio de sus propiedades respecto al intenso uso de un edificio público. La paleta de tonalidades del concreto aparente es gris y negro, y ello permite un contraste volumétrico sobrio que evoca luz y sombra. Se disponen volúmenes posados uno sobre otro con la intención de mantener la tendida horizontal del entorno construido. El estacionamiento está en el sótano, con acceso desde la calle secundaria, con lo cual se acopla en la planta baja el área comercial, que se arremete unos metros sobre la banqueta para cobijar el siguiente volumen. Este último resulta prestigioso pues alberga el salón de usos múltiples y dialoga con el árbol existente y las casas vecinas en la órbita de la altura. El salón de usos múltiples alude a una caja musical. Su envolvente privativa evita el murmullo del tránsito intenso. La iluminación es cenital-perimetral y por parteluces de formas rítmicas. Los dos volúmenes siguientes dan lugar al área de oficinas que resulta en una vista desde la terraza que alberga la cubierta del salón. Al fondo se posa un tercer volumen como remate, para contener oficinas privadas, elevador, montacargas y escaleras.

Planta nivel 2 / Level 2 Plan

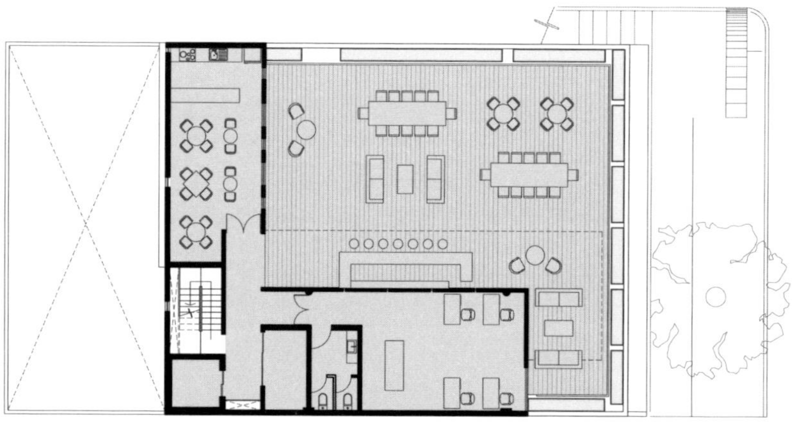

Planta nivel 1 / Level 1 Plan

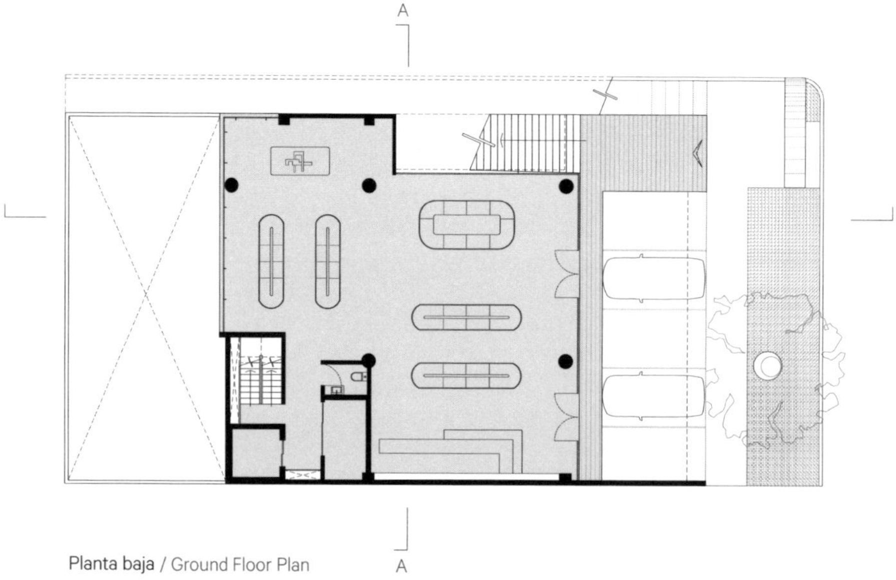

Planta baja / Ground Floor Plan

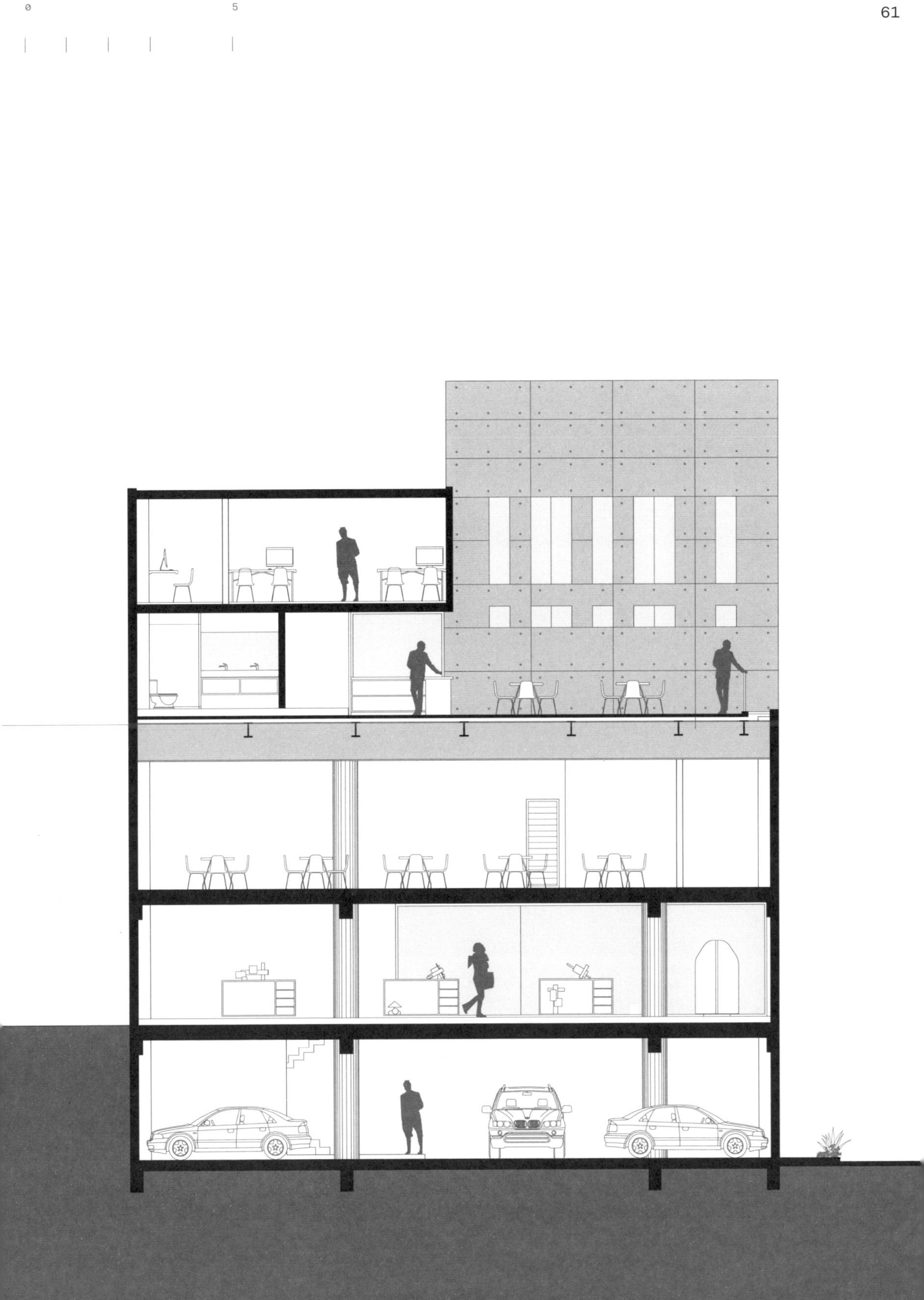

Secccción A / Section A

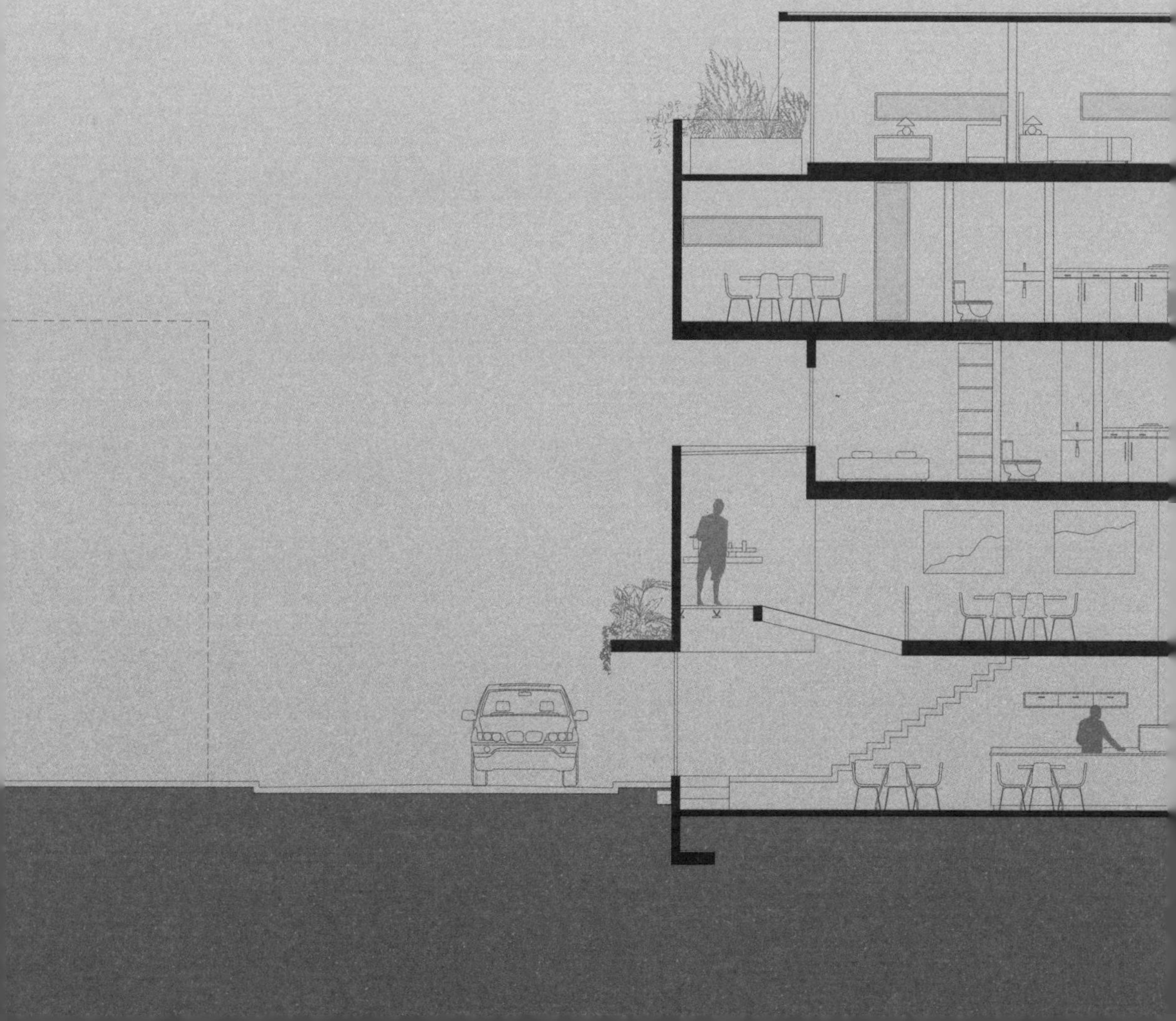

EDIFICIO FLAVIA
FLAVIA BUILDING

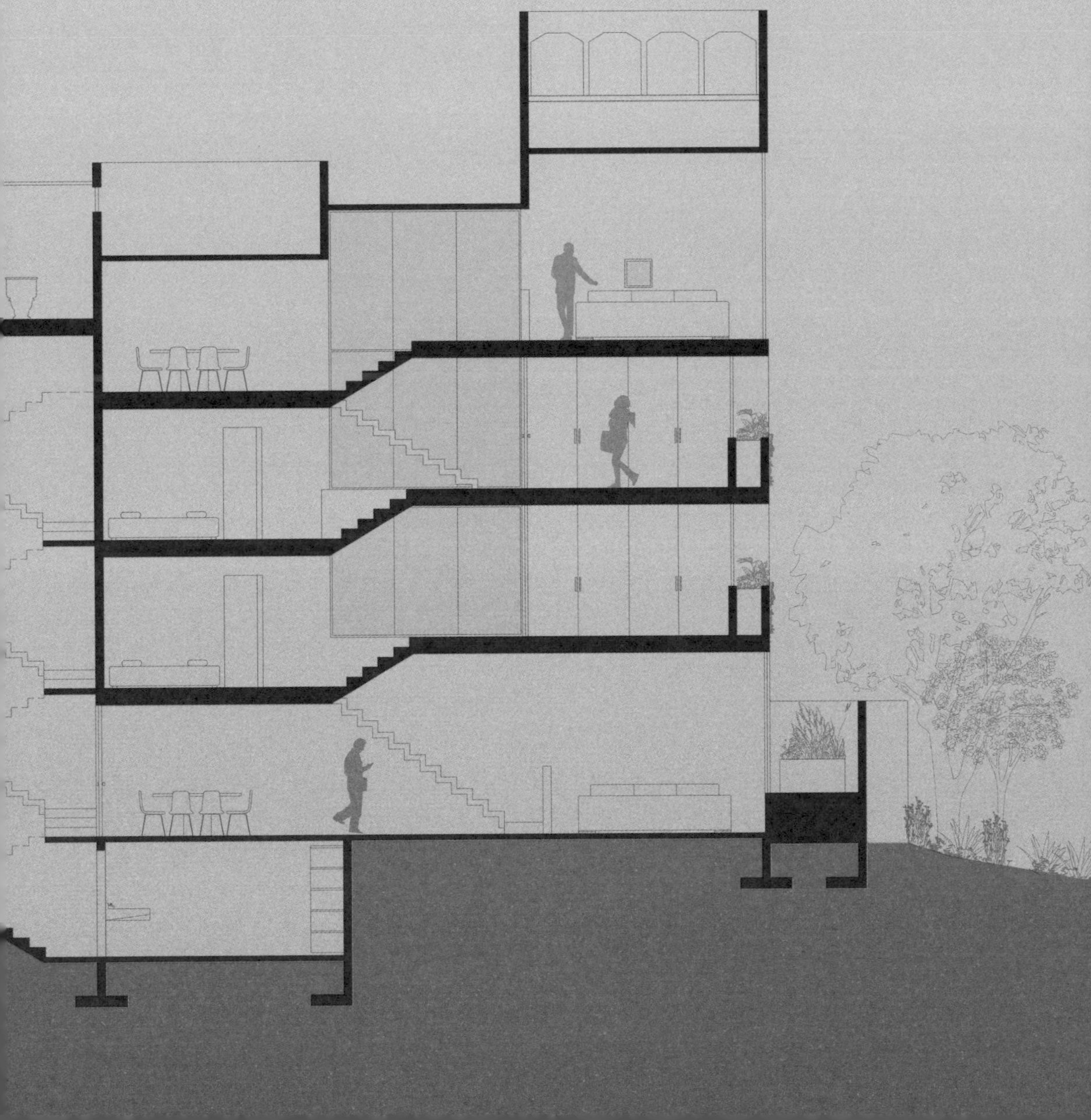

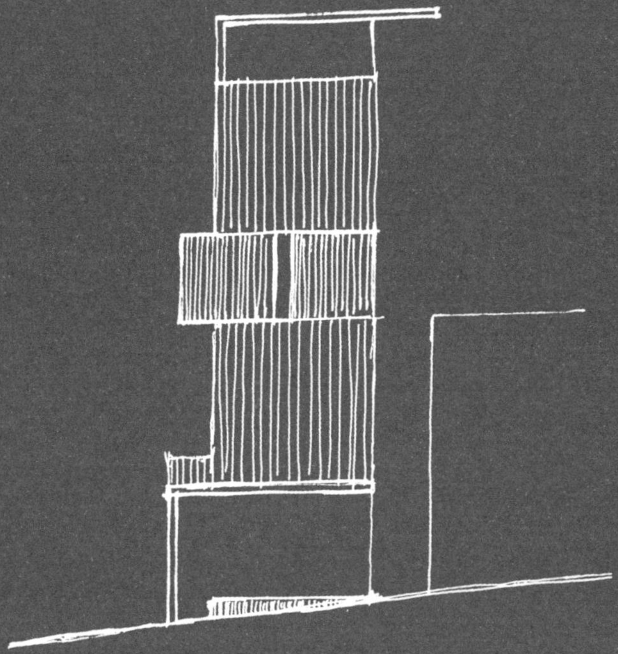

Edificio Flavia Flavia Building / Área construida Constructed Area **432 m²** / Ingeniería estructural Structural Engineering **Rafael Gonzalo Jorge Zaldo Martínez** / Lugar Location **Xalapa, Veracruz** / Año Year **2016**

Flavia emerges from the idea of creating a decent living space in a condominium on a very small site, typical of the city center, while promoting alternative transport. The volumes are staggered and set back from the street. The volcanic stone of the roadway stretches all the way up to the apartment building's porch, connecting public and private spaces. At street level, a fully-glazed façade welcomes the gaze, while the exposed concrete envelope adds intimacy to the apartments by protecting the occupants' privacy. Above the horizon of the neighboring buildings, the openings widen to afford views over the city's topography and treetops.

The tonal palette of the floors was left as exposed concrete in order to allow color to be introduced with the furnishings chosen by the occupants. The walls' roughness contrasts with the ceramic-smooth floors in the social areas, while the bedrooms and recreational areas are carpeted. Thanks to the neighborhood's low density and the site's unusual layout , the design provides natural ventilation and lighting throughout, without impinging on the privacy required when living in an apartment. Many of the window openings are strategically located according to the intended activity in each space, while also complementing the panorama of the city.

Flavia nace bajo la premisa de dignificar el espacio mínimo habitable en condominio dentro de un terreno de cotas limitadas, propio de la zona centro de la ciudad, y para promover el transporte alternativo. La volumetría se posa desfasada y recatada a la calle. La piedra braza de la calzada se extiende hasta el porche de los departamentos, lo que provoca el encuentro entre lo público y lo privado. En el nivel de calle, una fachada íntegra de cristal exhorta a la contemplación del interior mientras la envolvente de concreto aparente es tímida en los departamentos y reserva la privacidad de sus usuarios. En cuanto se rebasa la frontera vecinal, los vanos mudan su envergadura para halagar la panorámica de la topografía y cumbrera vegetal de la ciudad. Se mantuvo la paleta tonal de los pisos hacia el concreto aparente con el fin de ceder el color al mobiliario que cada usuario disponga como apropiación del espacio. La rugosidad de los muros contrasta con el acabado cerámico de los pisos en áreas sociales, mientras las habitaciones y áreas de esparcimiento se amparan en la alfombra. Gracias a la baja densidad vecinal y la disposición caprichosa del predio, es posible sujetar un partido arquitectónico que concede ventilación e iluminación a todos los espacios de manera natural, sin perder las cualidades privativas que requieren las actividades dentro de un departamento. Gran parte de los vanos se ubica de manera estratégica, según la actividad del espacio, para contemplar la panorámica citadina.

Silver Medal **Gulf Biennial** | 2017 Honorable Mention **National and International Biennial of Mexican Architecture** | 2018
Second National Prize **Firenze Entre Muros** | 2018
First Prize **National and International Interceramic Awards** | 2019

Medalla de Plata **Bienal del Golfo** | 2017
Mención de Honor **Bienal Nacional e Internacional de Arquitectura Mexicana** | 2018
2do Premio Nacional **Firenze-Entre Muros** | 2018
1er Premio Nacional e Internacional Interceramic | 2019

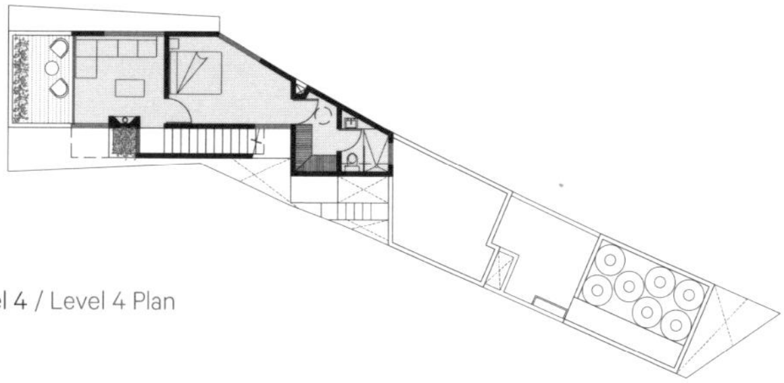

Planta nivel 4 / Level 4 Plan

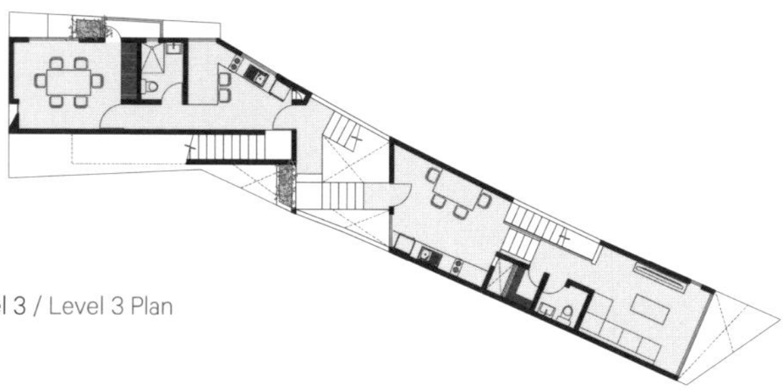

Planta nivel 3 / Level 3 Plan

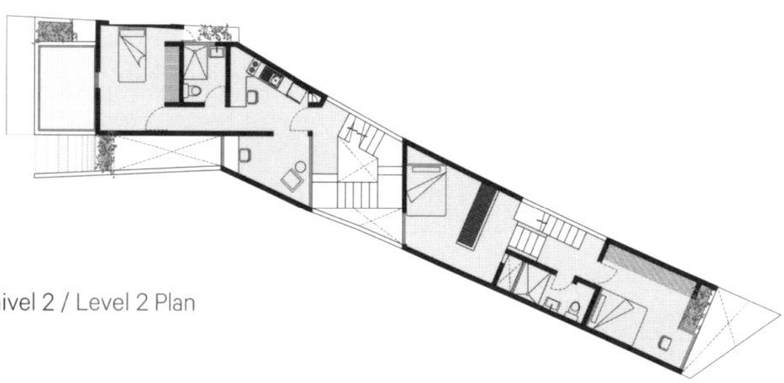

Planta nivel 2 / Level 2 Plan

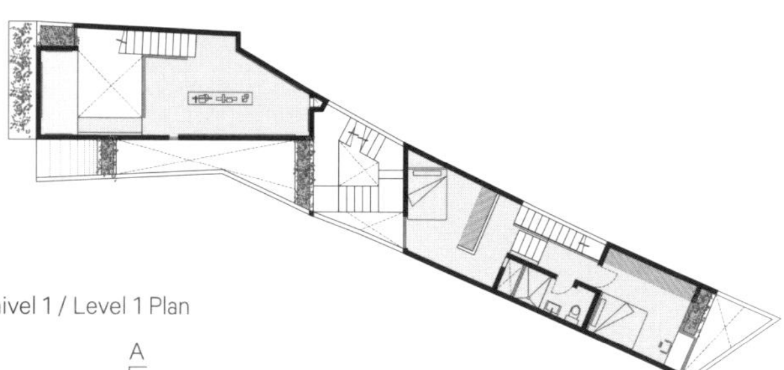

Planta nivel 1 / Level 1 Plan

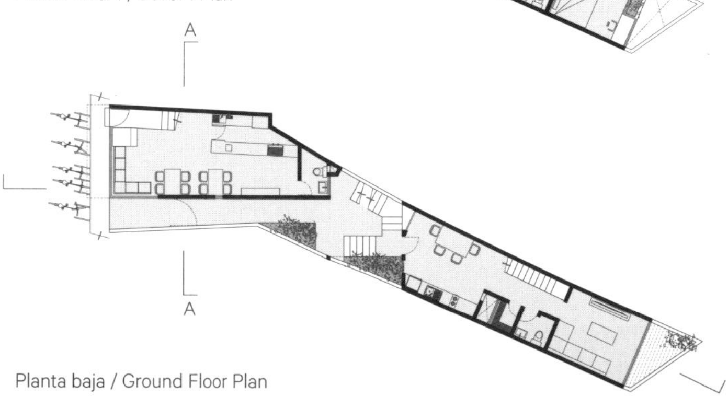

Planta baja / Ground Floor Plan

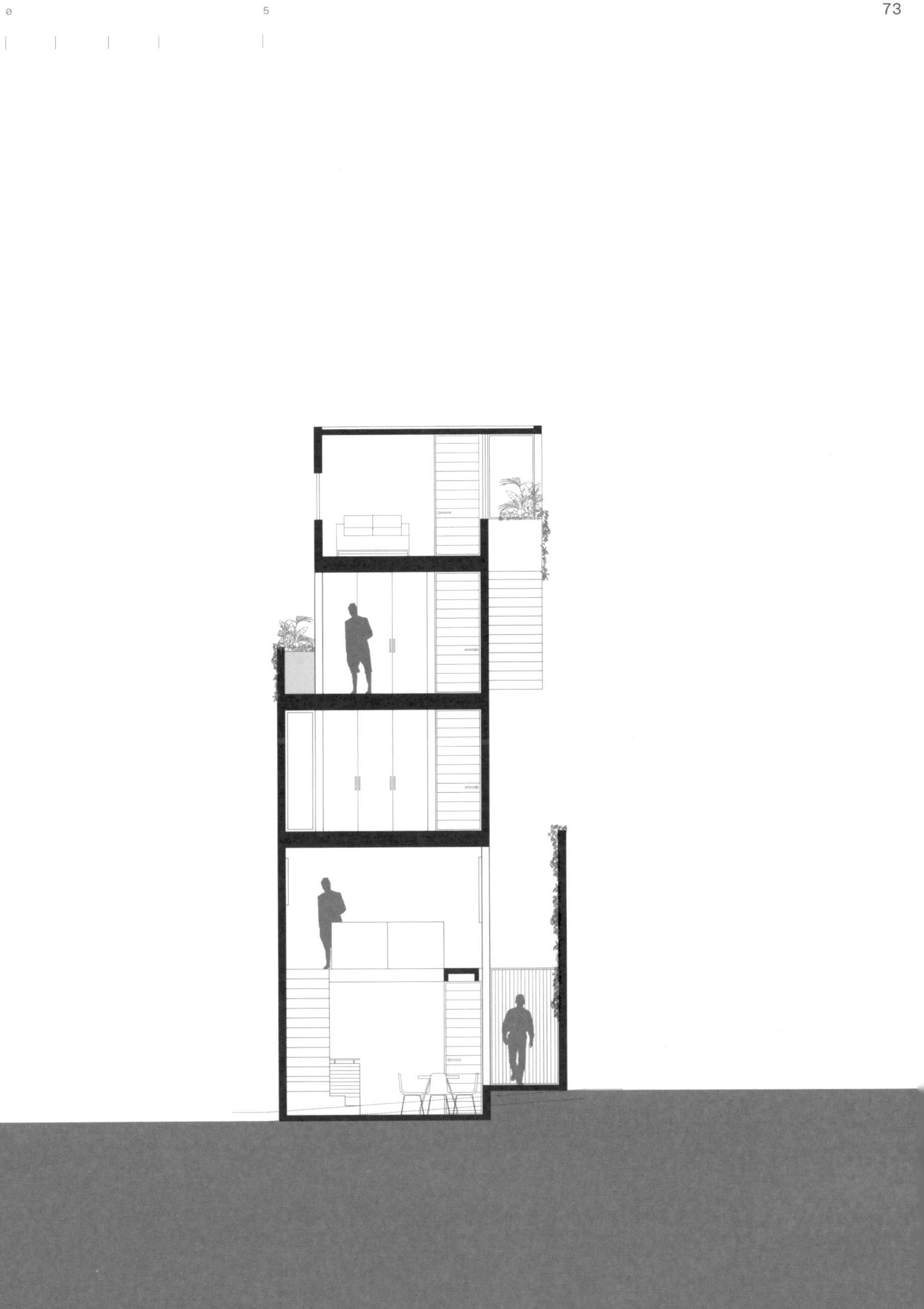

Secccíón A / Section A

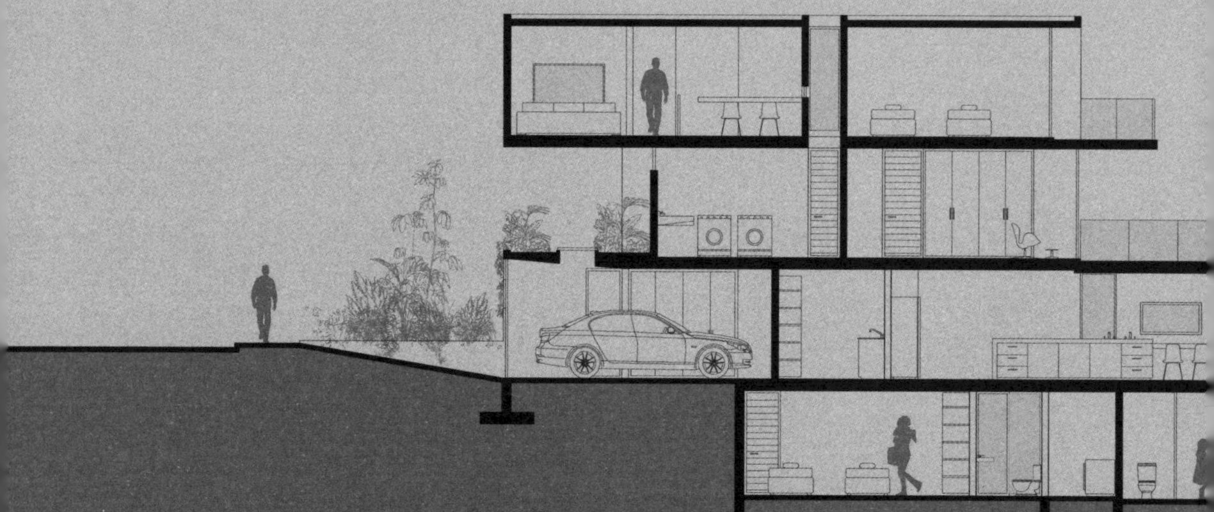

CASA RH

RH HOUSE

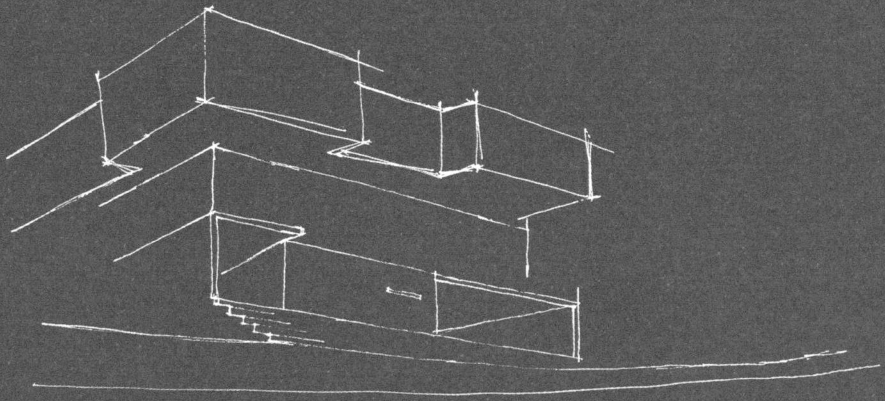

Casa RH RH House / Área construida Constructed Area **992 m²** /
Ingeniería estructural Structural Engineering **Rafael Gonzalo Jorge Zaldo Martínez** /
Lugar Location **Xalapa, Veracruz** / Año Year **2017**

Casa RH is a monolithic slab of exposed gray concrete, facing away from the street and onto the lake within the residential development. Designed to respect the site's topography, it takes advantage of the surrounding views. At this point the terraces connect and interact in different levels. Seen from the street, two volumes appear suspended over a void, concealed by the timber mullions and the vegetation over the garage roof slab. On the ground level, two voids make obvious the pedestrian access, supported by the solid wood door, while the garage is exposed with the intention of emphasizing its lightness. The project complies with the development's regulations on adjacencies and setback. The site survey determined the placement of the window openings to take advantage of natural ventilation and lighting, reducing the need for heating and air conditioning. In addition, planted barriers are used instead of fences, not only to enhance the air quality inside the house but also to soften the exterior appearance. The house has four floors. The basement contains the recreational area, with a multipurpose room including bar and wine cellar and cinema opening onto the garden and pool. A private wing houses the guest bedroom and service room. The street entrance is on the ground floor, via a flight of steps surrounded by vegetation leading to the solid wood door. Crossing the threshold leads to the double-height lobby and lounge. The dining room has a normal ceiling height that continues throughout the remaining spaces on this floor. The main terrace connects to the social area, and benefits from elevated views of the surroundings. The kitchen is enclosed in a cantilevered box, together with the breakfast room and TV lounge. A mezzanine floor between the social and private areas contains a gym, third bedroom and laundry area, while the private spaces are on the top floor. At one end, the master bedroom is set apart by a corridor while the other two bedrooms are connected to the TV lounge and the studio.

La Casa RH es un monolito de concreto aparente gris, introvertida hacia la calle y extrovertida hacia el lago del fraccionamiento. Fue concebida con base en la premisa de respetar la topografía del terreno y aprovechar la panorámica del entorno. En esta cota se ensamblan las terrazas que interactúan entre sí en distintos niveles. Desde la calle se detonan dos volúmenes que se posan sobre un aparente vacío, disimulado por la madera de los parteluces y la vegetación sobre losa que cubre la cochera. En la planta baja, dos vacíos obvian el acceso peatonal, apoyado por la puerta de madera natural, mientras la cochera se mantiene expuesta en una apuesta por la ligereza de su desplante. Con el propósito de cumplir los lineamientos del fraccionamiento, se respetan las restricciones de colindancia y calle. El estudio en sitio guió la ubicación de los vanos, que favorecen la ventilación e iluminación natural al reducir el uso del sistema de aire acondicionado y calefacción; asimismo, se restringe el uso de bardas y se crea una barrera vegetal, que además de beneficiar los aires de la vivienda, mesura la visual desde el exterior. La casa se desenvuelve en cuatro niveles. El sótano alberga el área de esparcimiento, con una sala multipropósito asistida por un bar con cava y cine que se despliegan hacia el jardín y la alberca; en un ala privada están la recámara de huéspedes y el cuarto de servicio. El acceso desde la calle es en la planta baja, a través de una escalinata cubierta de vegetación para rematar en la puerta de madera natural. Al atravesar la puerta de entrada, se abre la doble altura del vestíbulo y la sala. El comedor, en esa misma línea, goza de una altura reservada que se mantiene en los demás espacios de este nivel. La terraza principal dialoga con el área social, privilegiada por la vista elevada del entorno. La cocina se refugia en un caja volada, acompañada por el desayunador y la sala de televisión. En el nivel intermedio de lo público y lo privado se encuentran el gimnasio, la tercera recámara y el área de lavado, mientras el nivel superior contiene el área privada. En el extremo, la recámara principal se refugia tras un pasillo mientras las otras dos recámaras mantienen comunicación con la sala de televisión y el estudio.

Planta nivel 2 / Level 2 Plan

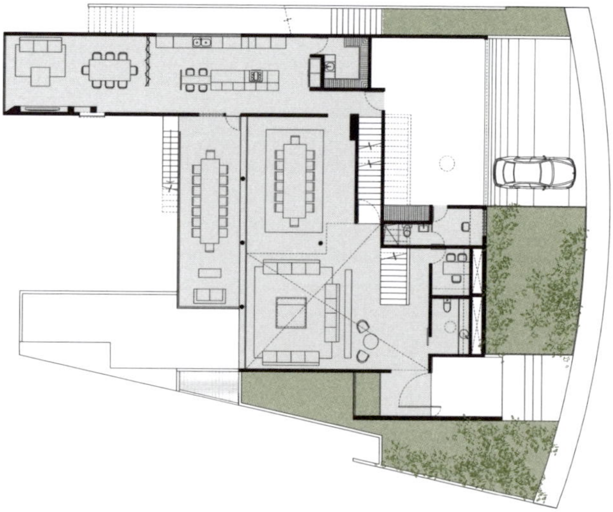

Planta baja (acceso) / Ground Floor Plan (Access)

Planta nivel -1 / Level -1 Plan

Sección A / Section A

CASA OYAMEL

OYAMEL HOUSE

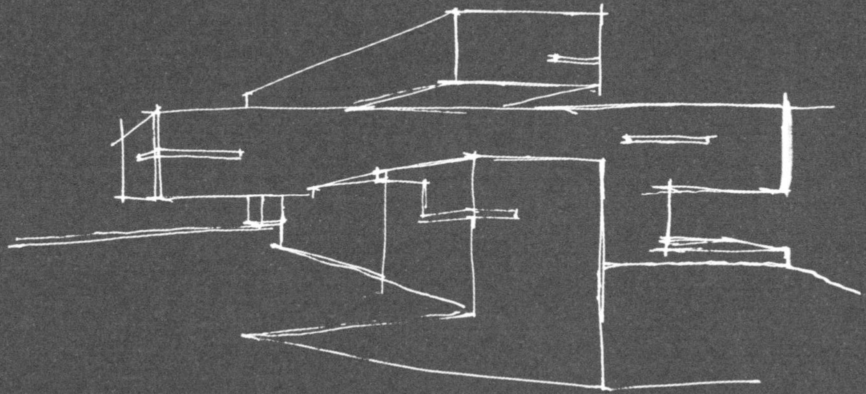

Casa Oyamel Oyamel House / Área construida Constructed Area **811 m²** / Ingeniería estructural Structural Engineering **Ing. Rafael Gonzalo Jorge Zaldo Martínez** / Lugar Location **Xalapa, Veracruz** / Año Year **2017**

Oyamel emerges from the ground with a volumes that appears modest when seen from the street and bold on the side providing panoramic views of the Cofre de Perote and the Pico de Orizaba volcanoes. These are framed by an architecture that tends to unfold from the interior to the exterior. In this way the building maintains a dialogue with its surroundings. On the extensive site, the optimal placement is in the center, right beside the ravine, sheltered by and in tune with the surrounding vegetation. The simple lines of the exposed concrete enclosure allude to the rocks of the hillside, open to the landscape. The juxtaposition of the boxes evokes a photographic framing of the panorama. The use of timber formwork avoids cuts and reduces wastage while generating the rustic feeling proposed for the dialogue with the surroundings. This section determines the placement of the openings, which form a rhythm around the enclosure. The palette of hues is basic, while the exterior appearance and the furnishings are given responsibility for introducing color. The first glimpse suggests three boxes wary of disclosing their contents. The first volume houses the social spaces, which converse directly with the exterior through large, aluminum-framed windows. The living-dining room and the games room are contained within the same nucleus due to the synchrony of their activities and the connection with the terrace. An adjacent yet more private wing contains the kitchen, the service area and breakfast room, opening onto the terrace. The four-car roofed garage is adjacent to and one floor down from the kitchen, protecting the appearance of the façade. The next volume houses two secondary bedrooms with dressing room and bathroom, under the shadow of the third volume: a terrace for contemplation and the gym. This is crowned by a magnificent space containing the master bedroom with dressing room and bathroom, together with its private TV lounge and terrace.

Oyamel emerge de la tierra con una volumetría tímida a la calle y osada a las panorámicas del Cofre de Perote y el Pico de Orizaba, que se enmarcan mediante la tendencia arquitectónica a la búsqueda del despliegue desde el espacio interior hacia el exterior. De esta manera, mantiene un diálogo con su entorno. En el terreno, de amplias proporciones, el emplazamiento óptimo será en la parte central, justo al borde de la barranca, al cobijo y en sintonía con la vegetación circundante. La envolvente de concreto aparente de líneas simples alude a una roca en la loma pues es permeable al paisaje. La yuxtaposición de las cajas evoca un encuadre fotográfico de la panorámica. El uso de cimbra en duela evita recortes y disminuye desperdicios mientras congrega la estética rústica que se propuso para dialogar con el entorno. Esta trama decide la ubicación de los vanos, que se desplazan con ritmo por la envolvente. La paleta de tonalidades se mantiene primitiva mientras la visual al exterior y el mobiliario se encargan del fulgor del color. Al primer encuentro: tres cajas celosas de su interior. En el primer volumen, se agrupan las áreas sociales, que conversan directamente con el exterior a través de grandes vanos cubiertos con aluminio y cristal. La sala-comedor y el salón de juegos se anclan en un mismo núcleo por la sincronía de sus actividades y el vínculo con la terraza. En un ala cercana y privada, la cocina debate con el área de servicio y el desayunador, que sostiene afinidad con la terraza. Inmediata a la cocina, está la cochera cubierta, para cuatro autos, en un nivel por abajo para sortear la visual de la fachada. En el volumen siguiente se alojan dos recámaras secundarias con vestidor y baño, bajo la sombra del tercer volumen: una terraza contemplativa y el gimnasio. Un soberbio espacio remata en la cumbrera para albergar la recámara principal, asistida por baño y vestidor, así como una sala de televisión privada y una terraza.

Third Prize, **CEMEX Building Awards** | 2017
Silver Medal **Gulf Biennial** | 2017
Finalist **National and International Interceramic Awards** | 2019

3er lugar **Premio Obras CEMEX** | 2017
Medalla de Plata en la **Bienal del Golfo** | 2017
Obra Finalista **Premio Nacional e Internacional Interceramic** | 2019

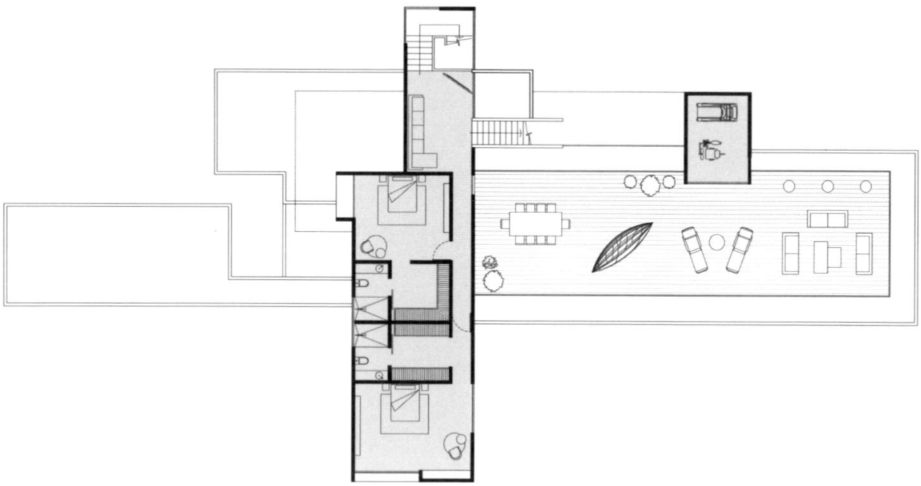

Planta nivel 1 / Level 1 Plan

Planta baja / Ground Floor Plan

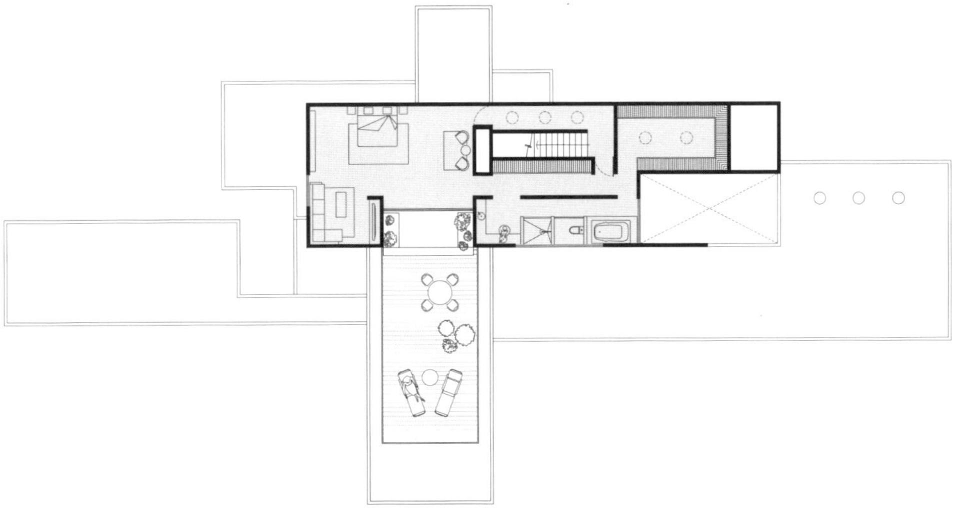

Planta nivel 2 / Level 2 Plan

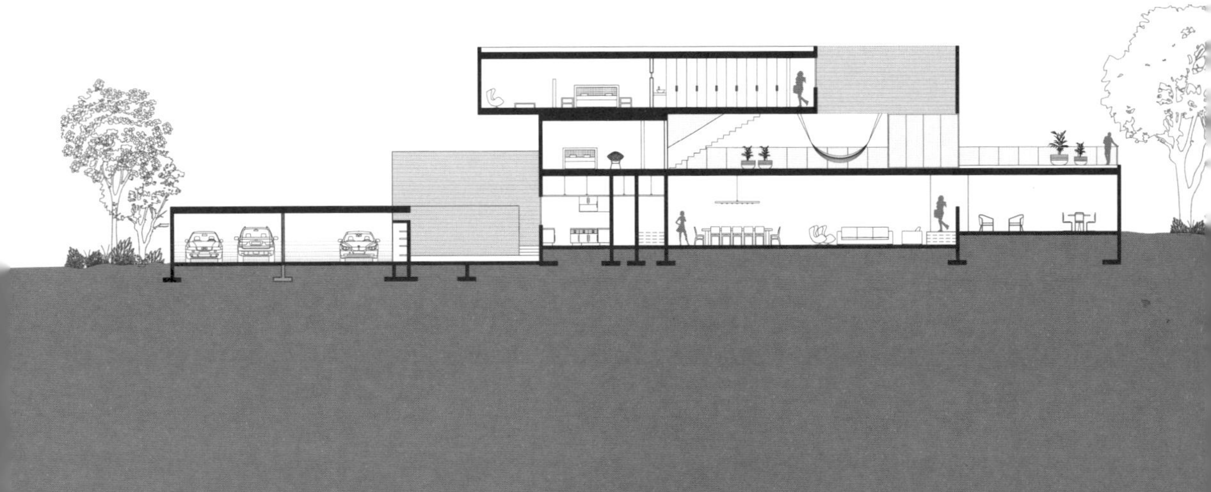

Sección A / Section A

NEW BRUTALISM

October, 2019 | Xalapa, Veracruz

Miquel Adrià: Let's begin by talking about how you decided to relaunch your practice by not only designing but seeking to implement your designs. Then I'd like to go deeper into the relationship with the works.

Rafael Pardo: Like anyone who has to take the decision at some point in their lives, in my case I decided to study architecture because I've always had a fascination for everything created and made by man. Architecture caught my attention from a young age because I had an architect uncle who I got on very well with. He'd take me to his building sites and for me it was fascinating to hear him explain to the clients how the space would be distributed, where everything was going to be, and so I'd imagine everything as he described it. Curiously enough, he also took me to visit homes that 20 or 30 years later I learned had been built by top architects.

In my sixth semester I decided to start working in parallel to my studies, though it's a stretch to call it working; it was more of an opportunity to learn in the studio of Bernardo Lascuráin. That was my first contact with the architectural profession. I saw how to deal with clients and suppliers, how to manage a studio, at the same time as keeping up with my university studies.

Upon graduating, I received an invitation from another studio, led by Enrique Murillo, to work on a specific project for some apartments. I soon realized that neither of the two studios really had a philosophy for how they design, and their construction systems were very different to each other. This led to my fascination with understanding the quantity and variety of such systems. As an interested and passionate architecture student, the moment arrived when I discovered Le Corbusier and Louis Kahn, and I was amazed by their work. I had an immediate connection with them. I wanted to build like they did, but I didn't even know what a finish meant. However, as the semesters and years passed, I discovered that everything was a lot more complicated than a finish.

These two experiences in these two studios gave me the knowledge to embark on this quest to make use of exposed and reinforced concrete. I began with small buildings, and soon discovered there was a kind of taboo around this construction system. I had the people, and I had the budget, and so the quest began. I must confess to being an architect who likes to explore formal issues a lot. So I've always been concerned with working on form and function at once; that's been a constant in my work.

NUEVO BRUTALISMO

Octubre, 2019 | Xalapa, Veracruz

Miquel Adrià: Iniciemos hablando de cómo decidiste reiniciar tu práctica no sólo proyectando sino tratando de llevar a cabo lo que proyectas, y posteriormente me gustaría ahondar en la relación con las obras.

Rafael Pardo: Como cualquier persona que tiene que tomar la decisión en algún punto de su vida, en mi caso decidí estudiar arquitectura porque siempre he tenido una fascinación por todo lo creado y hecho por el hombre. La arquitectura me llamaba la atención desde chico porque tenía un tío que era arquitecto y llevábamos una muy buena relación, me llevaba a las obras y para mí era fascinante ver cómo él explicaba a los clientes cómo iba a distribuir el espacio, dónde quedaba todo, entonces yo me imaginaba lo que él iba platicando. De allí, cosa muy curiosa, visitaba casas que 20 o 30 años después me enteré de que eran obras de grandes arquitectos.

En 6º semestre tomo la decisión de entrar a trabajar y empezar a combinar mis estudios con el trabajo, aunque trabajar era un decir, más bien me daban chance de aprender en el taller de Bernal Lascuráin. Y ese fue el primer contacto que tuve con el quehacer del arquitecto, donde vi cómo trata al cliente, cómo trata al proveedor, cómo se administra un taller e ir teniendo información de un taller y llevarlo a la par con la universidad.

Al salir de la carrera, tengo la invitación por parte de otro taller, el del arquitecto Murillo, para trabajar en un proyecto en específico de unos departamentos y me doy cuenta que los dos despachos no tenían una filosofía en cómo proyectan; en sus sistemas constructivos eran muy distintos el uno del otro, lo que generó esta fascinación por entender la cantidad y variedad de sistemas constructivos. Como estudiante de arquitectura interesado y apasionado, llegó el momento en el que me encontré con Le Corbusier, con Louis Kahn, cuya obra me fascinó realmente. Tuve una conexión inmediata con ellos desde estudiante. Yo quería construir así pero desconocía qué era un acabado, aunque fueron pasando los semestres y los años y descubres que todo era mucho más complejo que un acabado.

Estas dos experiencias en estos dos talleres me dan conocimiento para empezar con esta búsqueda de implementar el concreto aparente y el concreto armado. Empiezo con pequeños volúmenes, descubro que había un tabú alrededor de este sistema constructivo. Se tiene la mano de obra, se tiene el presupuesto y así inicia la búsqueda. Debo confesar

MA: It's certainly an exploration based on the geometry of intersecting prisms, an exploration rooted in the material and an exhaustive knowledge of what you can do with concrete. But I what about the place? Does it matter if we're in Xalapa or in Boston? How do you approach the relationship between your work and its location?

RP: The way in which I understand my projects means not worrying about whether my architecture wants to look Mexican, using color for example. That's not what I'm interested in and it's never bothered me. In my view, the work becomes part of the site at the moment that I open up to the landscape. I feel that's my architecture's greatest contribution: that it takes advantage of the landscape; that's what it gives to the city.

MA: I agree with you, and it makes me think of Mies van der Rohe's first project in the United States, where what mattered least of all was the floor plan or the function. The most important drawing was the one of the view from inside the lounge, which was of a wonderful forest in fall in Wyoming. That is to say, in such a rich landscape, where nature is a powerful presence, his architecture becomes a kind of stage set in which you select the segments of the exterior you wish to see. The house becomes a type of camera that chooses the bits of nature you want to see—an almost cinematographic exercise. Your houses have something of what Le Corbusier called the *promenade architecturale*, like great cinematic artifacts that allow you to select what you will let me see as I move around. You control perspectives through the design. They are like markup tools for the landscape. How do you achieve that?

RP: I think that one of the advantages of building is that during the process you can keep control over a lot of the views; some you can imagine and others you encounter along the way. In principle, the project is always going to emerge from your handling of the views, but there are also times that you discover things along the way; there are hidden spaces you begin to think about and tidy up in order to make the building neater. Based on this kind of scenario, I don't know if it's easy, but it should be because it's obvious how to orient the views. Xalapa has a very pleasant climate, with no real extremes. For me, I'd say that the siting of the building is defined by the views—and you can achieve really great views from any point in the city. Take the Flavia project for example: despite being in the heart of Xalapa, you can see the care we took to close off the lower floors because they are overlooked by the neighbors. So they are afforded privacy, but as soon as the building rises above the apartments opposite, it opens up to the landscape. I inserted floor-to-ceiling windows, and this is closely related to the idea of Xalapa, I wanted to make the best of its topography to enjoy the city and achieve views both night and day. I think that Xalapa is one of the few cities where you can see two different major peaks. You can see snow all year round on the Pico de Orizaba. I don't think there are

que soy un arquitecto al que le gustan mucho las exploraciones formales. Entonces he sido alguien muy preocupado en trabajar función y forma a la vez, allí es donde es donde estoy y me conservo.

MA: Sin duda una exploración a partir de la geometría de intersección de prismas, una exploración a partir del material que parte del conocimiento exhaustivo de que puedes llegar a hacer con el concreto pero, ¿dónde queda el lugar? ¿Importa si estamos en Xalapa o en Boston? ¿Cómo entiendes la relación de tu obra con el lugar?

RP: La forma en la que entiendo mis proyectos consiste en no preocuparme por hacer una arquitectura que quiera parecer mexicana, utilizando probablemente el color. Mi interés no va en esa dirección y jamás me ha preocupado. Para mí la obra se convierte en parte del sitio en el momento en el que me abro al paisaje y creo que ese es el mayor aporte de mi arquitectura, que se aproveche el paisaje, lo que dota el proyecto a la ciudad.

MA: Coincido contigo y recuerdo el primer proyecto que hizo Mies van der Rohe en Estados Unidos, en el cual lo que menos importaba era la planta o la función, el dibujo más importante era la vista desde dentro de la sala, que era un bosque fantástico en otoño en Wyoming. Es decir, en un paisaje tan rico, con una presencia tan fuerte de la naturaleza, su arquitectura se convierte en una especie de *set* en el que vas escogiendo los pedazos del exterior que quieres ver, la casa se convierte en una especie de cámara en la que se van seleccionando los pedazos de naturaleza que quieres ver, un ejercicio de tomas casi cinematográfico. Tus casas tienen lo que decía Le Corbusier. El *promenade architecturale*, el recorrido, son grandes artefactos de cine porque te permiten seleccionar a través del recorrido lo que me vas a dejar ver, controlas la perspectiva desde el diseño. Tus casas funcionan como elementos de selección del paisaje. ¿Cómo trabajas eso?

RP: Considero que una de las ventajas de construir es que puedes controlar en el proceso muchas vistas, unas que puedes imaginar y otras que te vas encontrando. En principio, el proyecto siempre va a estar dado en cómo vas a manejar las vistas, pero también hay veces que en el proceso de la obra descubres cosas. Hay espacios ocultos que empiezas a reflexionar y depurar en la obra. El hecho de trabajar en este tipo de escenarios, no sé si sea muy fácil, pero debería serlo porque es muy obvio hacia dónde deben quedar las vistas, tomar en cuenta las orientaciones. En ese sentido, Xalapa posee un clima muy agradable, no es extremoso. Para mí, el emplazamiento va en función a las vistas, y realmente desde cualquier punto de la ciudad puedes tener grandes vistas. Por ejemplo, el proyecto de Flavia: sin importar que sea en el corazón de Xalapa, se ve la preocupación de cómo los primeros niveles se cierran porque hay vecinos al frente, entonces se les da privacidad;

many places like that, and for me this was a fundamental consideration. My architecture, regardless of my use of concrete, also employs locally-sourced materials, such as volcanic stone for the outdoor paving and some of the walls.

MA: We were saying that the house is a mechanism for controlling outlooks, but you're also concerned with how to protect it from the external gaze. This is the case with Flavia, but it's always using an architecture that displays a mastery of the form, geometry and juxtaposition of elements. You mentioned your admiration for Louis Kahn. Who else is a reference point for you?

RP: I admire many architects in addition to Louis Kahn and Le Corbusier. I've been lucky enough to be able to travel and visit a lot of buildings, and there are some I'd love to live in and others I'd prefer just to admire. In the case of Agustín Hernández, I think there are buildings that invite you to linger, spaces that have a certain something, like the work of Luis Barragán too—it's a long list. To go back to your initial question, I'm someone who worries about privacy, above all in projects which look onto the street, that are more urban, but also in ones like Oyamel House or Briones House, even though you arrive on a very generous site where I could have opened up the main façade. But my view is that I wouldn't find it comfortable for a casual visitor to turn up and see me in my pajamas. Privacy is very important for me.

Lorena Murillo tomando una fotografía de su esposo Rafael Pardo durante la conversación.
Lorena Murillo taking a photograph of her husband Rafael Pardo during the conversation.

pero una vez que rebaso la altura de esos departamentos, me abro hacia el paisaje, tengo ventanales de piso a techo y eso está muy relacionado con lo que es Xalapa: justamente aprovechar su topografía para gozar de la ciudad y tener vistas de noche y de día. Yo creo que Xalapa es de las pocas ciudades en las que puedes ver dos montañas, y en particular ves nieve todo el año sobre el Pico de Orizaba. No creo que haya muchas ciudades con ese tipo de paisaje, se me hace fundamental tomar esto en cuenta. Mi arquitectura, no obstante que utiliza el concreto, interviene con materiales de la zona, por ejemplo, las calzadas y algunos muros de piedra volcánica.

MA: Decíamos que la casa es un mecanismo en el que puedes controlar las vistas, pero también te preocupa mucho cómo puedes protegerte de las vistas que tengan desde afuera, tal como el caso de Flavia; pero todo con una arquitectura en la que hay un dominio de la forma, la geometría y la yuxtaposición de piezas. Mencionabas tu admiración por Louis Kahn. ¿Quién más es un referente para ti?

RP: Son muchos los arquitectos que admiro. Por supuesto Louis Kahn, Le Corbusier. He tenido la fortuna de poder viajar y visitar muchas obras, y hay obras que definitivamente se antojan vivir y otras que se antoja sólo admirar. En el caso de Agustín Hernández, creo que hay obras que te invitan a quedarte, espacios que tienen algo, por supuesto como la obra de Luis Barragán: la lista es muy larga. Volviendo al inicio de tu pregunta, sí soy alguien que se preocupa mucho por la intimidad, sobre todo en proyectos que dan a la calle, que son mucho más urbanos. En los proyectos como Casa Oyamel o Casa Briones, en los que llegas a un predio grande y generoso, pude haber abierto desde la fachada principal de la casa, pero creo que no sería cómodo para mí que un visitante, probablemente casual, pudiera ver si estoy en pijama o no. La privacidad es para mí un tema muy importante.

MA: Dices que como arquitecto te vuelves constructor un poco por necesidad, porque la mejor manera de controlar el proyecto es construyéndolo, y también que la manera de ganarse la vida como arquitecto es la obra. Además de ser arquitecto y constructor, también pintas, te interesan las artes plásticas. ¿Estamos ante un caso de arquitecto renacentista? Es decir, ¿hay condición de intereses multidisciplinarios del proceso creativo? ¿Cómo es la relación entre la arquitectura y pintura, por ejemplo?

RP: Al final del día, soy alguien que goza ver una buena pintura. Sería atrevido decir que me considero un pintor, considero que tengo piezas que están bien logradas, pero a la vez son exploraciones, es ir a un terreno mucho más libre en el cual no tengo un cliente y yo determino todo a diferencia de la arquitectura en la que va todo controlado por el tipo de proyectos que yo realizo, la vivienda unifamiliar que es mucho más

MA: You say that as an architect you become a builder a little bit out of necessity, because the best way of controlling the project is by building it, and also because the way you make a living as an architect is by building projects. As well as being an architect and builder, you also paint. You have an interest in the visual arts. Might we describe you as a Renaissance architect? Are there multidisciplinary interests in your creative process? What is the relationship between architecture and painting?

RP: At the end of the day, I'm someone who enjoys looking at a good painting. I wouldn't go so far as to call myself a painter. I think some of my paintings are pretty good, but at the same time they are explorations. It's a much freer field where I don't have client and I can decide everything, unlike in architecture where everything is determined by the type of projects I do, since single-family dwellings are much more complete. I really like not having a client and following my own impulses and preferences in a painting; they're explorations that I hope are reflected in my architecture one way or another. My few pieces of sculpture or relief work are also part of this exploration. I should add that I only have a few projects and sometimes I like the idea of doing something. During the building process you are managing things, but often there's not much to actually design, so when I don't have a project on the go I entertain myself with the creative process.

MA: Do you see a link between them? Do your artistic explorations have an impact on your architecture, or are they separate worlds?

RP: I see them as closely linked. In fact, I have some scale models that are more sculptural than anything else. Without claiming to be a sculptor, there is a point where I don't really see any difference between being an artist and an architect. There are stages in the process that are more like an intermediate point, and that's where we focus on form, without worrying too much about the function. I've resolved some projects in that exploratory phase, and transferred them to architecture.

MA: For you, is architecture what is not yet built? In the sense that what you imagine and you draw is already architecture.

RP: For me, everything that is perspective, volume and space is architecture.

Graciela Kartofel: Painting is one of the experimental aspects that Rafael's interested in. It's much easier to explore in two dimensions—or three with a relief—than to experiment with a house. It's unlikely for someone to accept a budget for a future house with all kinds of experimentation, but there's clearly a link to the geometric resources he employs in both his painting and his architecture.

completa. Aprecio mucho no tener un cliente y seguir mis impulsos y gustos en el cuadro, son exploraciones que espero se vean reflejadas en mi arquitectura. Lo poco que he hecho de escultura y relieves es también parte de mi dinámica de exploración. Cabe añadir que tengo pocos proyectos y hay veces que se antoja hacer algo, y en la obra llegas a dirigir, pero de repente ya no hay mucho que diseñar, entonces cuando no hay proyecto me entretengo en el proceso creativo.

MA: ¿Ves un vínculo? ¿La posibilidad de que tus exploraciones artísticas impacten en tu arquitectura, o son mundos separados?

RP: Lo veo completamente vinculado; de hecho, tengo maquetas que van más hacia el sentido escultórico, sin jugar a ser escultor, pero hay un punto donde yo no percibo diferencia entre pintura y arquitectura. Hay piezas del proceso que son como un punto intermedio y es allí donde la exploración formal viene sin tener que preocuparme de la función. Algunos proyectos los he solucionado desde esa parte de la exploración y cómo la traslado a la arquitectura.

MA: Para ti, ¿es arquitectura aquello que aún no se construye? ¿Desde que se está imaginando y dibujando ya es arquitectura?

RP: Para mí todo lo que sea perspectiva, volumen, espacio, sí es arquitectura.

Graciela Kartofel: Para él la pintura es una de las partes experimentales que le interesan, es mucho más fácil explorar en dos dimensiones o tres con un relieve que experimentar en una casa. Que alguien te permita un presupuesto, un futuro de una casa que va a resistir o no todas las experimentaciones posibles es muy difícil, pero hay un vínculo evidente dado por los recursos geométricos que él instala, en su pintura y en su arquitectura.

RP: Para mí la pintura y la escultura tienen la posibilidad de ser más explorativas que la arquitectura. Aunque existen por supuesto los genios, pero veo arquitectura muy repetitiva, eso está condicionado por muchos factores como el cliente, el presupuesto, el programa..., todo eso en la escultura no existe. Entonces eso envidio mucho de los artistas plásticos, que no hay nada que los limite, tal vez eventualmente el tiempo o la capacidad, pero la exploración que se tiene en la pintura y en la escultura no se puede tener en la arquitectura, y eso ha sido porque a lo largo de muchos años hemos visto una arquitectura que tiene variantes, pero con referentes muy marcados.

GK: La misma limitación presupuestal que tiene el arquitecto la tiene el artista visual. En distintas proporciones por supuesto, pero las limitaciones económicas existen en todas las profesiones, carta libre total no hay. Ahora, esto es muy fácil de entender, porque tú tomaste la paleta: para proyectar lo relacionas todo, inclusive el color.

RP: For me, painting and sculpture can be more exploratory than architecture. Although geniuses do exist, of course, I see architecture as mainly being very repetitive. It's conditioned by factors like the client, the budget, the program... In sculpture none of that comes into play. So in that way I envy visual artists, the fact that there's nothing to limit them. Perhaps time or their abilities, sure, but the exploration possible in painting and architecture is just not available in architecture, and that's because for many years now we've seen architecture that, as varied as it may be, is still defined by very clear reference points.

GK: The same budgetary constraints on architects also affects visual artists. To a different degree, of course, but there are financial limitations in all professions, you never have carte blanche. This is very easy to understand, because you picked up the palette: when designing you link it all together, including color.

RP: I must acknowledge that I'm not very comfortable with the use of color; when people talk about the work of Luis Barrragán or Ricardo Legorreta, I find it difficult to create such surprising combinations.

MA: You do think in spatial or volumetric terms, but not necessarily in terms of color.

RP: I don't think in colors and I don't think it's one of my strengths. It's something reflected in my visual work too, some of which is in shades of gray and of white. I find it comfortable painting in grays, I work out the composition until it is satisfactory, until it says something to me, and from time to time I add color to make it less boring.

MA: More than color, what I see is a composition of light.

Lorena Murillo: I find your passion for architecture astonishing. I've always said that people who do what they really enjoy are successful. People who, like Rafael, discover the thing that fulfills them are good at what they do. You are very lucky to have discovered this, because your work clearly fulfills you, it's plain to see.

GK: I think a lot of important issues have been covered here. What we were saying about the relationship with geometry is important. In the provinces, to use materials so boldly that people have said 'no, we can't have that here' and strong volumes that may be liked or rejected, creates an interesting situation...

MA: I would add that a certain formal daring was evident, the expressionism of an assertive or even domineering architecture. But the interiors are far more delicate: the subtlety of the light generates rich nuances, producing extraordinary spaces that bring together the

RP: Debo reconocer que no se me facilita el uso del color. Para mí es difícil hacer combinaciones sorprendentes como hacían Luis Barragán o Legorreta.

MA: Sí lo piensas espacial o volumétricamente, pero no necesariamente en colores.

RP: No pienso en colores y tampoco creo que sea mi fuerte y eso se refleja en mis obras pictóricas, de hecho algunas piezas las desarrollo en grises, en blancos. Es cómodo pintar hacia los grises, resuelvo la composición hasta que me agrade, que me diga algo, y de vez en cuando meto color para que no se vea aburrido.

MA: Más que color, lo que veo es la composición de la luz.

Lorena Murillo: Considero que la pasión que tiene por la arquitectura es sorprendente. Siempre he dicho que la gente que hace lo que le gusta es exitosa. La gente que, como Rafael, descubre lo que le llena es buena. Es muy afortunado por haber descubierto ese punto, porque definitivamente su labor le llena y eso se nota.

GK: A mí me parece que se han tocado muchos temas importantes, lo que comentamos de la relación de la geometría es un elemento que hay que distinguir. Realmente en provincia atreverse constructivamente con materiales que le dijeron "no aquí" y volúmenes muy presentes que pueden despertar placer o rechazo, hacen un retrato interesante...

views and the room. It's richer than a juxtaposition of parallelepipeds; it's high-quality architecture.

RP: I'm also interested in space, and this formal exploration doesn't do away with the need to ensure these spaces offer the necessary peace and tranquility. I see this as a good space in which I'd love to linger, that's my goal.

GK: There are two important aspects: one is the concept of the box, a semi-crossed box, volumes, the exteriorization of the interior space. But Rafael is daring in his sections, with the non-traditional window placement, and in effect they form a module. That said, it's an activated module to provide privacy without making the space boring, and at the same time giving it maximum openness to the landscape. The greatest appreciation of this sense of play is found in Flavia, where the site has a crazy shape, so the wardrobes are obtuse triangles to make best use of the space. There is plenty of comfort without losing this sense of privacy.

RP: They are privileged projects on very large sites, and there was a moment when people were asking me about this. What I really noticed however is that they'd never worked on a large project, because it's more complicated to work on a big project than a small one. For Flavia, which is built on a 120 square-meter site, there was space for four apartments, three measuring 74 square meters with two bedrooms, and a very small, 26-square-meter one. As Graciela said earlier, the project is designed to protect the lower levels, while the upper levels offer views over the landscape. This formal exploration that can be observed from outside is also found inside. I don't create shells with plain interiors, but rather the different interior elements respond to the overall volume. It's not a mask, there's a joint exploration between inside and outside.

Andrea Griborio: We've mentioned Flavia a lot in this conversation. I feel that this project opened up a new facet in your work, not only that of the artist-architect but that of the cultural promoter. At Flavia as well as in the residences there is also an exhibition and gallery space. Where does this desire to be a promoter of culture in Xalapa come from?

RP: From two friends, Antonio Flores and Manuel Velázquez, who are partners at Flavia. Architects always surround ourselves with artists. And going back to my fascination with art I think I've learned a lot from spending time with them. So at some point we had the idea that Flavia was suited to being a design store. We thought about the project and then an architect friend who doesn't work in the field came along and proposed putting a café there, even though it's not an area with a lot of footfall. This friend encouraged us to explore new uses for the space, and thinking about the theme of design the idea for a gallery

MA: Añadiría que era evidente una cierta osadía formal, un expresionismo de arquitectura protagónica, inclusive impositiva, pero visitándolo por dentro nos encontramos con espacios mucho más delicados en los que la sutileza de la luz genera matices muy ricos que dan como resultado espacios extraordinarios que convergen las vistas y la pieza. Es más rico que una yuxtaposición de paralelepípedos, es una arquitectura de mucha calidad.

RP: También me preocupo por el espacio y esta exploración formal no me exime de que los espacios posean la paz y la tranquilidad necesarias. Yo percibo este como un buen espacio en el que se me antoja quedarme, eso es lo que intento.

GK: Hay dos aspectos importantes: uno es el concepto de la caja que está presente, caja semicruzada, volúmenes, la exteriorización del espacio interior. Pero él juega atrevidamente con los cortes, juega con los aventanamientos que no son para nada tradicionales, y que son en efecto un módulo, pero es un módulo activado para dar intimidad sin caer en la monotonía del espacio y hasta dónde puede explayarse al máximo con el paisaje. Pero donde hay la mayor apreciación del juego es en Flavia. El terreno es loco, entonces allí armarios son triángulos obtusos, aprovechando el espacio al máximo. Hay gran confort sin perder la intimidad.

RP: Son proyectos privilegiados en terrenos muy grandes y hubo un momento en el que se me cuestionó acerca de este tema, pero lo que realmente noto es que nunca han trabajado un proyecto grande, porque es más complicado trabajar un proyecto grande que un proyecto chico. En Flavia, que tiene 120 m^2 de terreno, se pudieron ubicar cuatro departamentos, tres de 74 m^2 con dos recámaras, y uno muy pequeño de 26m^2. Como dijo Graciela, el proyecto mantuvo la idea de proteger los primeros niveles, para que en los superiores se generaran vistas para abrirse hacia el paisaje. Esta exploración formal que existe por fuera, también existe por dentro. No hago cascarones con interiores planos, al volumen le responden por dentro ciertos elementos en la plástica. No es una máscara, hay una exploración conjunta interior y exterior.

Andrea Griborio: Hemos estado mencionando Flavia mucho en esta conversación, siento que abre una nueva faceta dentro de tu profesión, no sólo la del arquitecto artista sino también la del productor cultural. Entendiendo Flavia, hay residencias, pero también hay exposiciones y galerías. ¿De dónde sale el gusto de ser un agente promotor de la cultura en Xalapa?

RP: Justamente con dos amigos, Antonio Flores y Manuel Velázquez como socios de Flavia. Los arquitectos siempre nos rodeamos de artistas. Regresando a mi fascinación por el arte, creo que me he nutrido mucho

emerged. Our friend went off to Norway and left it in our hands, but at that moment we had the luck of joining forces with Manuel, who has experience curating exhibitions.

GK: He was deputy director of the Veracruz Institute of Culture. He managed the open-air sculpture park, and has done a lot for education in the arts. We should mention that the apartments in Flavia aren't residences, but the body of the gallery acts as a cultural center.

RP: It's been very interesting—we were talking about the spaces in which architecture is practiced and it turns out I was the guinea pig, because Manuel suggested we give some talks to attract an audience. To my surprise quite a lot of people turned up and we had to give a couple of them. We realized that there is an audience here who are interested in the 'architecture activity days' we now organize each year. What's more, a neighbor who happens to be one of Mexico's top jazz musicians, Lucio Sánchez, offered to play at the inauguration of Flavia—we opened with an exhibition of works by Perla Krauze—and we discovered there was also a need for space for musicians. So currently we have the gallery, the café which helps to support the gallery, architecture exhibitions, music and history workshops.

GK: Space is also made available for a number of indigenous communities, who are invited to come and sell their locally-made products, whether food or crafts. There are also artists who sometimes sell handmade pieces like mugs or notebooks. So we've activated small-scale commerce. Manuel and I have talked for a long time about what we could do in Xalapa. Because the audience is small the galleries have failed to survive, even though on the institutional side of things he's done a lot of things over the years. So we are learning how to introduce art to less formal settings.

RP: Our first doubt about Flavia was its size, but later we discussed it with Manuel and he mentioned the impact of size on costs, due to moving and storing work. And thanks to Manuel we got to know Graciela, who has been a key player in Flavia because she has the knowledge and the contacts of everyone who has exhibited in the gallery. That's important because even though we're a small gallery we've shown some of the leading artists in Mexico.

GK: For example we had a show of photography that I also presented at a top photography gallery in New York. We've had work by Tina Modotti, Mariana Yampolsky, Graciela Iturbide, Lola Álvarez Bravo. All the greats.

MA: Why is it called Flavia?

RP: The street Flavia faces onto is called Jimenez, while the parallel one is called Corona, and to get up to Flavia there is a house that forms the

de convivir con ellos, y en algún momento se nos ocurrió que Flavia se prestaba para ser una tienda de diseño. Le dimos vueltas al proyecto y de repente llegó un amigo arquitecto que no se dedica a la arquitectura y propuso poner un café allí, pese a que fuera una zona poco transitada. Este amigo nos impulsa a explorar nuevos usos para el espacio y, pensando el tema del diseño, sale el tema de la galería. Nuestro amigo se va a Noruega y nos deja con el paquete. En ese momento tuvimos la suerte de afiliarnos con Manuel, él tiene la experiencia curando exposiciones.

GK: Fue subdirector del Instituto Veracruzano de la Cultura, dirigió el parque de esculturas al aire libre y ha fomentado mucho la educación en las artes. Cabe añadir que los departamentos en Flavia no son residencias, pero el cuerpo de la galería actúa como centro cultural.

RP: Ha sido muy interesante, platicábamos acerca de en qué espacios se practica la arquitectura y justamente yo fui el conejillo de indias, porque Manuel me propuso dar pláticas para generar cierto público, y para mi sorpresa, sí llegó gente y tuvimos que dar dos pláticas. Nos dimos cuenta que había un público interesado en las jornadas de arquitectura que ahora hacemos año con año. Y luego un vecino que es uno de los grandes jazzistas de México, Lucio Sánchez, cuando se inauguró Flavia, que abrimos con la obra de Perla Krauze, comenzó a tocar en el espacio, y descubrimos que había necesidad de espacio para músicos. Entonces actualmente tenemos la galería, el café que ayuda como soporte económico a la galería, exposiciones de arquitectura, música, talleres de historia.

GK: También se da entrada a algunas comunidades indígenas más alejadas a que vendan sus productos locales, ya sea artesanías o comestibles. También algunos artistas en ocasiones venden piezas hechas a mano, como tazas o libretas, entonces activamos el mercadeo chico. Manuel y yo hemos comentado desde hace muchos años acerca de qué podíamos hacer en Xalapa, porque no hay público y él desde lo institucional hizo muchas cosas, pero las galerías no subsistían porque ni siquiera eran galerías, así que estamos aprendiendo a introducir el arte más allá de lo formal.

RP: Lo primero que dudamos en Flavia fue el tamaño, pero posteriormente lo comentaba con Manuel y mencionó las repercusiones del tamaño en cuanto a costos, por movimiento de obra y almacenaje. Gracias a Manuel conocimos a Graciela, que ha sido una pieza clave en Flavia porque tiene todo el conocimiento y los contactos de quienes han expuesto en la galería. Eso es algo importante, porque siendo una galería pequeña hemos tenido a los mejores artistas de México.

GK: Por ejemplo, tuvimos una muestra de fotografía que también presenté en la mejor galería de fotografía en Nueva York. Hemos tenido la obra de Tina Modotti, Mariana Yampolsky, Graciela Iturbide, Lola Álvarez Bravo. Todas las grandes.

endpoint of the street on what is known as the Cerro del Zapote. On the upper part of this house the word 'Flavia' is written. It's an iconic, run-down building, the first one on the Cerro del Zapote since it's on a ridge beside the park, so Antonio had the idea of calling our project Flavia in homage to this construction. Flavia has been a key site for generating a sense of community, and it has developed into a very interesting dynamic.

AG: It's a center for activating culture in a city that needed it. Perhaps the need wasn't all that obvious, but as soon as it's there, you discover the underlying need for a cultural space.

RP: Another important thing: all the workshops are free. It's a great pleasure for me to see students meeting Hiroyuki Okumara for example, I'd have loved to have been surrounded by architects when I was younger. I feel that the scale has helped and the universities have also allowed us to do a lot, and that we're doing our bit for a better city and a better country.

MA: ¿Por qué se llama Flavia?

RP: La calle donde se encuentra Flavia se llama Jiménez. La casi paralela se llama Corona. Para subir a Flavia hay una casa que es el frontón de la calle, en lo que se llamaba el Cerro del Zapote. Esa casa, en la parte de arriba, dice "Flavia". Es una casa icónica y descuidada, la primera en el Cerro del Zapote. Como está en una cuchilla al lado de un parque, a Toño se le ocurrió como un homenaje ponerle a nuestro proyecto así. Flavia tiene la ventaja de ser una pieza importante donde se genera comunidad, se ha armado una dinámica muy interesante.

AG: Es un centro de activación de la cultura en una ciudad que lo necesita. Quizá no era evidente la necesidad, pero el momento en el que sucede, descubres la necesidad subyacente que existía por un espacio cultural.

RP: Una cosa importante: todos los talleres son gratuitos. A mí me da mucho gusto que el estudiante se roce con Hiroyuki Okumara, a mí me hubiera gustado verme rodeado de arquitectos. Siento que la escala ha ayudado y también las universidades nos han permitido hacer mucho, y nosotros estamos poniendo nuestro granito de arena para una mejor ciudad y un mejor país.

Rafael Pardo

Rafael Pardo is a (young) architect from Xalapa, Veracruz, a territory rich in powerful pre-Hispanic cultures. He completed his studies in architecture at the Universidad Veracruzana and his professional practice takes many different forms. He also teaches at the Universidad Anáhuac Xalapa. Designing projects and preparing models helps him keep close to the visual arts, and he also produces occasional paintings and sculptures.

From the outset of his career Pardo has had an exceptional interest in using exposed concrete for his buildings in Xalapa, showing a social commitment to provide new sources of work. During his career he has received some ten awards including Third Prize in the CEMEX Awards, honorable mentions at the Gulf Biennial, and First Prize at the National and International Interceramic Awards. Rafael Pardo creates buildings with striking external volumes and functional, fluid and luminous internal spaces, while respecting the local cloud forest and the landscapes of each site in their interaction with his "trans-brutalist" architecture. In his own words, "spaces should evoke emotion and offer privacy."

Graciela Kartofel

Graciela Kartofel is an art historian, critic and curator. She graduated from the Universidad de Buenos Aires and has lived in Mexico and New York for the past four decades. In 1984 she created the department of Modern and Contemporary Latin American Art for the Universidad Nacional Autónoma de México (UNAM). She has been guest lecturer at many universities including the Hochschule für Künstleriche und Industrielle Gestaltung in Linz, Austria, and Hunter College in New York. Her curating work includes the inter-American exhibition of Joseph Beuys, Mathias Goeritz/Frankfurt, the São Paulo Biennial, together with articles, clinics, lectures, consultancy work, and as a member of international juries. work. Conceptually, her curating includes catalogues, books and exhibition designs. She is a correspondent for Radio Cultura and Radio Conexión Abierta, complementing her editorial work for ArtNexus and Art21. Her doctoral thesis addressed space in its relationship with dance and architecture, an interconnection that anticipated the current phase of expansion.

Xavier Martí Galí

Graduated as an architect from the Escuela Técnica Superior de Arquitectura de Barcelona in 1995. Joined the studio of Carlos Ferrater as associate architect in 2003. In 2006 together with Carlos Ferrater, Lucía Ferrater and Borja Ferrater he set up the Office of Architecture in Barcelona (OAB). Currently working on projects in Spain, France, Morocco, Mexico and Ecuador. He has been awarded the Ciutat de Barcelona Prize 2008 as co-designer of the MediaPro tower in Barcelona. As co-designer of the Paseo Marítimo on Benidorm's west beach he won Spain's National Architecture Prize 2011 for Urban Design, as well as First Prize in the CEMEX Awards 2011 in the Infrastructure and Urbanism category.

Rafael Pardo

Rafael Pardo es un (joven) arquitecto oriundo de la ciudad de Xalapa, Veracruz, un territorio de poderosas culturas precolombinas. Realiza sus estudios de arquitecto en la Universidad Veracruzana y ejerce la arquitectura en sus diversos facetas. También es docente en la Universidad Anáhuac Xalapa. El dibujo de proyectos y la realización de maquetas lo mantiene cercano a las artes visuales que resultan en ocasionales pinturas y relieves.

Desde sus inicios, el deseo de utilizar concreto a la vista como propuesta edilicia sin precedentes en la región incluye el compromiso social de brindar nuevas fuentes de trabajo. En su trayectoria ha recibido una decena de premios entre los que se cuentan el 3er. Premio Obras CEMEX, Menciones de Honor en la Bienal del Golfo y el 1er. Premio Nacional e Internacional Interceramic. Rafael Pardo aporta edificios de volúmenes externos rotundos y espacios interiores funcionales, fluidos y luminosos, considerando siempre el bosque mesófilo local y los paisajes posibles de cada terreno que interactúan con su arquitectura Trans-Brutalista. Así describe sus objetivos: "Los espacios deben mover emociones y brindar privacidad."

Graciela Kartofel

Graciela Kartofel es Historiadora de Arte, crítica y curadora, graduada en la UBA (Universidad de Buenos Aires). Radica en México y Nueva York desde hace cuatro décadas. En 1984 creó el departamento de Arte Moderno y Contemporáneo de América Latina para la UNAM (Universidad Nacional Autónoma de México). Es profesora invitada de diversas universidades como la Hochschule für Künstleriche und Industrielle Gestaltung en Linz, Austria y Hunter College-New York. Entre sus curadurías se citan la interamericana de Joseph Beuys, Mathias Goeritz/Frankfurt, Bienal de San Pablo, además de artículos, clínicas, conferencias, asesorías y jurado internacional. Conceptualmente sus curadurías incluyen catálogos, libros y las museografías específicas. Es corresponsal de Radio Cultura y Radio Conexión Abierta que complementan su trabajo editorial para ArtNexus y para Art21. Su Tesis de Doctorado versó sobre el espacio estableciendo sus relaciones con la danza y con la arquitectura, una interrelación entre las artes que anticipó la faceta expansiva actual.

Xavier Martí Galí

Arquitecto por la Escuela Técnica Superior de Arquitectura de Barcelona en el año 1995. Se incorpora como arquitecto asociado al Estudio de Carlos Ferrater en el año 2003. En el año 2006 constituye con Carlos Ferrater, Lucía Ferrater y Borja Ferrater la sociedad Office of Architecture in Barcelona (OAB). Actualmente está trabajando en proyectos en España, Francia, Marruecos, México y Ecuador. Ha recibido el premio Ciutat de Barcelona del 2008 como coautor del edificio torre MediaPro en Barcelona. Como coautor del Paseo Marítimo de la playa de Poniente de Benidorm ha recibido el Premio Nacional de Arquitectura Española 2011 de Diseño Urbano y el 1er premio CEMEX 2011 en la categoría Infraestructura y Urbanismo.

Rafael Pardo. New Brutalism was printed and bound in August 2020 by Asia Pacifi Offset in China. It was printed in 120 gsm IKPP paper and set in typefaces of the *Calibre* and *Rational* families. The print run was 1,600 copies.

Rafael Pardo. Nuevo Brutalismo se terminó de imprimir y encuadernar en agosto de 2020 en Asia Pacific Offset, en China. Impreso en papel IKPP de 120 g. Para su composición se utilizaron las familias tipográficas *Calibre* y *Rational*. El tiraje fue de 1,600 ejemplares.